好好生活

職能治療師爸媽，從生活中淬鍊的教養心流

OT莉莉（陳妍伶）、鬍鬚張老師（張恩加）——著

目次

推薦序

好好生活從照顧好自己開始

何翩翩／牧村親子共學教室負責人

莉莉從一開始就將自身經驗坦誠地帶入，告訴大家「育兒之路真的不容易」，絕非網路上那些貼文般看起來的美好單純，狼狽不堪的狀況是每個人都會碰到的窘境。文中用寫實的方式記錄了自己如何和隊友並肩作戰的歷程，也不斷重申自我覺察的重要性，並提供簡易的查核表檢視身心狀態，告訴大家照顧好孩子之前我們必須要先照顧好自己。

書中很多育兒的畫面都勾起了我當年拉拔三個孩子，同時擔任園長職務的那段艱辛日子。凡事親力親為的確可以和孩子共享親密時光的每一刻，但甜蜜的負擔有時也會是落入情緒憂鬱低落的元凶之一，如果還睡不飽、吃不好，我們就更難從容擔負起照顧孩子的責任，思緒也會更加疲乏且僵化。我們必須善用外援，藉由緊密的網絡連結，就能在為人父母的路上持續成長，且讓育兒更加輕鬆有成就。

例如社群團體常常就是最好的後援部隊，我自己有一個群組是我孩子幼兒園同學的爸媽們，這群家長從孩子學齡時期就一起露營、踢足球、聚餐，已經超過十年。我們還曾直接包下露營區，大陣仗超過百人一起露營。在我孩子成長的過程中，他們是我非常重要的舒壓來源，每次露營最期待的就是孩子們入睡後，大夥把酒言歡，看著星空訴說著生活上的苦悶以及各種壓力，不見得需要什麼解答，重點是在彼此聆聽的那些瞬間，所有的壓力似乎就得到紓解。

每年五一勞動節更是我們最期待的日子，因為孩子們要上學，我們賺到放假一天，這樣的小確幸就可以讓我們期待好久、回味好久。今年的勞動節，大夥又在群組中吆喝聚餐，但不一樣的是這次我們竟然自動用爸媽的本名報名，不再是××媽媽、○○爸爸。就在我們家兒子滿十八歲的這年，我們似乎終於擺脫了灰姑娘的角色，還有爸爸開玩笑地說：「沒想到我們已經隱姓埋名這麼久了！」成為爸媽之後，孩子的名字後面加上稱謂就代表了我們當父母已經成為習慣，卻忘了我們自己需要好好生活，好好享受真正的社交，而不是只有圍繞著孩子。

這本書緊扣「好好生活」的四字箴言，運用科學的觀點，教導讀者如何善用P（人people）、E（環境Environment）、O（職能／任務occupation）分析自身面臨的困境，尋找解套的方法，從生活、實務、育兒、職場多個方面切入，並提供實例讓大家發想思考，不再陷入原地踏步的窘境，找回生活中的意義，實現自我價值。

養兒育女的日子日復一日，可能是枯燥瑣碎的，唯有實際參與其中，從中找到存在的意義及價值，明白自己真實的模樣，才能實踐自我價值，好好過生活。我們不見得要當個完美的父母，但我們可以不斷調整，讓自己成為更加稱職的父母，甚至在好好生活之後，從容享受育兒的種種。

推薦序

從好好生活踏出的幸福育兒

林怡辰／《怡辰老師的高效時間管理課》作者

常說育兒是種修行，那麼這本《好好生活》就是修煉寶典，是救命繩。

每個人都是第一次當爸媽，不同時代的爸媽，有不一樣的修煉和天堂路要走。想起我懷孕歷經身心的巨大變化，照顧新生兒的手足無措，還有睡眠不足、精神不濟，同時有一個幼小的生命依靠在我身上的壓力，和先生的關係也因為新家庭成員出現，分工和協調、爭吵和磨合。然後第二個、第三個孩子不斷出現，挑戰從沒斷過。

當媽媽之後，發現想要控制的反而控制了自己。許多價值觀、原本「一定要的堅持」無數次受到挑戰，想像和現實，原來預期的和真實的限制落差，一波一波失落，從來沒有停止過。你以為已經過了那個關，沒想到，又到了下一個坎，這就是爸媽。

如果再來一次呢？我想送給自己這本《好好生活》，即便要修行，那可以少些眼淚和互相傷害，而是微笑著看待。

養育孩子，可以讓我們成為更完整的自己。我們身上沒有的，也沒辦法給孩子。但這些成長並非憑空而來，當爸媽本身就需要不斷學習，持續成長，當我們自己平穩了、安靜了、和諧了，面對孩子，就是最好的示範。因此我很贊成莉莉在書中不斷強調的「先照顧自己」，這和我在《怡辰老師的高效時間管理課》中提到的「先支付自己」不謀而合。

而在書裡，從睡眠、飲食、休息、人際關係、全心參與生活、建立個人認同感，也都是我這十年來不斷摸索，用許多失敗經驗和大量閱讀才有一些成長，但在《好好生活》中，全面且齊全，加上莉莉和先生本身的專業，利用結構化的 PEO，多層面地提供思考軸線，不僅治標，更能符合每個人不同的狀況和需求，就像是一個友善的好友聽你傾訴在育兒路上的艱辛，給你支持安慰，再給你思索方向，安心並往想去的地方前進，一步一步。

育兒是一條看不見盡頭的馬拉松，持久、剝奪個人時間、低成就，育兒路上的懷疑、困挫、難過、痛苦，大家都走過，莉莉也懂，且沒有永遠固定的答案，因為艱辛，所以有價值。把自責收起來吧！把和別人比較趕出心房吧！每個爸媽都不是完美的，但我們可以做「剛剛好」的父母。你不是做不到，你只是太累了而已。我很喜歡書裡的一個概念：你不是有問題、做不到的家長，你只是「遇見了困難」的爸媽。

遇見困難，我們就來思考怎麼接受問題、面對問題、處理問題、放下問題。利用 PEO，從環境、任務、個人三個層面，舉例來說，一堆工作還沒有做，但小孩陪睡都不睡，怎麼辦？這就是我曾經遇過的問題。我先照顧自己，安定自己後，每天帶小孩出門運動消耗體力，讓小孩白天多一點陽光、晚上就調暗燈光，晚上固定時間說故事，建立愉悅的入睡儀式，睡前不喝過多的水、不看藍光，含咖啡因的食物都不吃。然後和孩子一起入睡，隔天早上五點起床完成自己的工作。

照顧好自己身心後，就有餘裕把這些看成一個個遊戲般的闖關活動，有時解決不了，只是我還沒找到方法罷了。

而這些累積，讓我越來越享受當媽媽的身分，也能有自己的空間找回自己。

希望這本《好好生活》，讓你也能享受育兒路上的幸福！

推薦序

照顧自己，是因為你本來就值得

陳品皓／米露谷心理治療所策略長

我從事兒童青少年心理諮商十多年來，在和上百對家長一起密切合作後，總不免有種感嘆：父母親這個角色，實在是一種糾結又複雜的無盡挑戰。

除了要面對育兒路上孩子們各式各樣意料之外的狀況，還要同時維持家務的運作而耗費大量心力，更別說經營夫妻、親子甚至家族關係而累積的種種情緒勞動，這些繁複紛雜的隱性壓力往往讓我們長期處在緊繃的狀態而不自覺。

除此之外，隨著社會日益重視教養品質與家庭功能，我們極可能是史上被賦予最多期待的家長，因此常常有一種莫名的罪惡感，深怕自己一不小心做錯，就造成孩子終生的心理陰影。父母親是真心難為，但這些幽微情緒的糾結卻又很難具體說出口，以致於我們往往慣性隱忍或壓抑自己，彷彿以為這些都是小事，不值得說嘴。

然而，這些你以為的小事，才是真正的大事。

是時候該好好珍視自己了，不是為了誰，單純因為你值得如此。

這也是我很喜歡也欣賞莉莉以及這本書的原因之一。在自身經驗的回顧與檢視下，莉莉透過本書讓我們將視角從生活無邊際的糾葛中，重新擺放回自己身上，允許我們意識自己、觀照自己並且安頓自己。

撇開我欣賞莉莉已久這事不說，她的新書我一讀就推薦。我相當認同書中的 PEO 模式，幫助我們檢視自己和環境的關係，並從其中找到整合性的全景式觀點，進而盤點以及分派資源在確切的位子，開啟通往安頓身心的道路。書中每一節的舉例跟建議，也都會再回歸到 PEO 模式的統整，相當立體又清晰，幫助陷入當局者迷霧中的我們，在閱讀中爬梳出自己的脈絡和方向。

不僅如此，莉莉在書中旁徵博引，在高含金量的知識點中，又能萃取精華帶出生活化的務實建議，讓我們從中獲得啟發。舉個例子，我在讀完本書後學到知識之一：在關係中要做出判斷或決定之前，先好好吃頓飯再說（原因請容我賣個關子，你看完就會知道關鍵在哪）。

同時，莉莉在書中分享的和家人、親友間互動的例子既生動又寫實，不管是自我覺察、溝通對話、經驗重塑等，都讓我們更加理解了好好生活的精神，以及在生活中的體現。

這是一本既實用又療癒的佳作，陪著我們在婚姻、育兒的漫漫長路中，找回對自己溫柔的體恤、接納的貼近。作為一個重視心理健康的臨床心理學家，我很榮幸能受邀為本書的推薦人，並在此和你分享。

好好生活，不是為了誰，而是你值得如此。

推薦序

用 PEO 整理人生，好好生活

駱郁芬／臨床心理師、米露谷心理治療所所長

在精神科工作時，我們病房住院病人最期待的就是職能治療的活動時間了！職能治療師各個好厲害，有時唱歌、有時手作，還有不同遊戲，難怪大家都好喜歡。

在早療單位工作時，職能老師的教室裡也最有趣了！各種操作物件、桌遊、積木、紙卡，每堂課感覺都好好玩。

但是其實在這些樂趣背後，職能治療師正悄悄施展著專業，或是提升能力，或是調整姿勢，或是培養習慣，或是練習技巧，協助大人和孩子達成生活中必須的目標。

這就是職能治療師眼中的世界：人的生活，充滿了大大小小的任務（身為爸爸媽媽，沒有人會反對這句話吧！），而理想的生活能力，就是能夠順利地一一完成任務。

從莉莉的書中我學到了PEO的概念，也就是一個人執行「生活任務」的表現，受到「個人」（Person）、「環境」（Environment）和「職能」（Occupation）三類因素的影響。唯有這三類因素各自都豐沛且彼此協調，才能有良好的生活任務表現。

前面提到生活中充滿了大大小小的任務，而作為爸爸媽媽的角色，所面臨的任務之多，還真的是當了爸媽才能想像。

以我自己典型的一天為例，早上送孩子上學，然後開會、上課、寫稿或講課，中午吃完午餐後開始臨床工作，結束後衝去參與孩子的課後活動，再帶孩子晚餐、打理家裡、陪孩子聊天送上床。中間的時間夾縫則貢獻給無數待回的訊息和信件、演講或文章的資料收集。

孩子回家手上貼了紗布，要關切發生了什麼事情、處理得怎麼樣；天氣熱了，老師讓孩子帶回原本的替換衣物，叮囑要全部換季；一邊吃飯孩子嘰嘰喳喳分享最近喜歡的鋼彈和寶可夢，那些名字我一個都聽不懂只能用充滿感情的笑顏回報他的熱切；餐後孩子說他想自己練習洗澡，也想幫忙吸地板，即使知道一半原因是不想趕快準備上床，還是深吸一口氣決定耐住性子維護孩子的動機。好不容易孩子睡了，打開網頁努力看新學年的入學規定，還有暑假的活動也要安排了（喔對了，我還是心理治療所的負責人，家裡還有兩隻貓和二十盆植物）。

這一長串的文字打完，我都覺得自己有點不能呼吸了。只有一個孩子的我，生活都如此緊湊了，有些家庭有多個孩子、有特殊需求的成員，又或者還有長輩需要考慮，要維持生活能夠運作下去，各方面能力的平衡與發揮就非常重要了。

莉莉、鬍鬚張用他們的職能專業與最真實的生活經驗，帶著我們用 PEO 模式來檢視自己的生活是否失衡、看看哪個要素需要補強，並在輕鬆詼諧的氛圍中提供了各種可行的方法。

我喜歡書中這麼說：PEO模式中的項目清單，就像出國打包行李的清單一樣，幫助我們用更有系統的方式將人生狀態整理出來。

也想一起起飛嗎？跟著莉莉一起打包行李（×）整理人生（○），一起好好生活吧！

前言

做父母之前，你照顧好自己了嗎？

當了爸媽之後，我再也不相信育兒部落客那些美美的育兒照片了。

「為什麼我沒辦法像他們一樣，只要帶著耐心好好講，小孩就會聽？」不知你是否曾經在心底提問：「別人的家庭個個神隊友，我的家庭成員怎麼都是豬隊友？沒幫忙就算了，一開口就是唱反調，不然就是扯後腿？」

有的時候，也不禁懷疑自己為什麼要決定生小孩？明明工作就這麼忙，生活這麼緊湊，為何當時還要生個小孩，來增加自己的教養負擔？真的好累啊！

其實這些狀況，不一定都是小孩的問題或是隊友的問題。甚至，這些可能根本不是「誰」的問題。這只是因為：

親愛的，身為爸媽，你真的太累了！沒有機會好好照顧自己啊！

職能治療師是怎麼育兒的？

這本書是在介紹職能治療師的思考方式；並用這些方式來改善你的育兒生活。畢竟，職能治療是一個非常生活化的專業，很容易就可以應用在生活中。

雖然職能治療已經有一百年的歷史，但是引進台灣其實才四十年，算是個很年輕的專業。不知道你有沒有聽過職能治療，或是知道職能治療大概是在做什麼呢？

鬍鬚張說，想當年他考上台大職能治療系的時候，身邊的人都一一恭喜他考上台大，卻沒人懂他考上的是什麼系。只有一個在教會裡認識、長期接觸國外資訊的長輩說：「哇，職能治療很好耶！是一個很棒的助人專業喔。」可能就是因為這句話，讓他決定先去讀讀看，而不是選擇重考。

進了大學，我們才知道「職能」是什麼意思。職能這個詞，是從英文的「occupation」翻譯過來的，而這個字又是從「occupy」（占據）衍伸出來的。

意思是，我們日常生活中各種大大小小的事務，在執行的過程都需占用時間。因此我們的人生，就是由這些各種生活任務所組成的。我們在完成這些任務的過程中，其實同時也是在建構出我們的生活，並且找到當中的意義。

正常來說，我們都可以順利完成這些生活任務。但天有不測風雲，在人生的路途中，總是會遇到一些障礙讓我們舉步維艱。例如生病的話，就會讓我們失去某些能力；或是隨著人生不同的階段，我們會經歷到各種不同的情境，面對角色之間的轉變，這時如果適應不及，生活就會遇到障礙。

而這時如果有職能治療的話，就可以用上各式各樣的途徑，來幫助我們更好地完成這些生活任務。例如有些能力是可以再訓練改善的，那我們就透過訓練來改善。但也不是每種問題都能經由訓練來解決，這時就要再想辦法用各種其他的手段，來繞過這些障礙，以達成我們的目標。

所以，這本書就是要來做「職能解密」，讓你知道職能治療師是怎麼巧妙運用這些手段的。希望在這本書裡面，我們可以將這些概念傳達給你。因為在臨床上，這些概念都經歷過非常多實證了，我們也經常使用在自己的生活當中。期待這些概念也能幫助你，改善你自己的生活。

在我們一起踏上這本書的旅程中，我們不會給你終極的答案，也無法將你人生的問題全面解決。但我們可以做到的，是一起學習，一起學著該怎麼好好照顧自己。讓未來的你，可以培養出面對問題的力量。

1

父母要先
懂得照顧自己

為何先照顧好自己很重要？

打從懷孕開始，我們夫妻倆一直在猶豫，到底要不要請育嬰假？當時不幸的虐嬰新聞鋪天蓋地，不管是保母超收，或是托嬰中心工作人員狼狽為奸的監視器影像，在在都讓敏感的準父母心驚膽跳。

我們其實也有想過，要參考網路上的審核標準來找保母或托嬰中心，但想想我們夫妻都是職能治療師，自然就會更注重幼兒全人的發展，以及各種發展指標，所以這溝通成本不管是對我們或對對方來說，都太辛苦了！

於是幾經思量、衡量各方比重之後，我們決定輪番請育嬰留職停薪。如此一來，我們便可以把所學的理論與技法，一一施行在即將出生的孩子身上，同時還可以彼此觀察記錄是否有前後一致。像這樣的專家同儕審查，應該很完美吧？

想想看，在生產前還有懷胎十月，再加上產後護理之家坐月子實習一個月，這對於身心的預備足夠久了吧？當時的我天真地這麼認為。

只是這樣的準備，卻抵抗不住生理激素的變化、生活模式的大幅改變，以及承接全新角色——母親——的巨大壓力。這導致我有一些情緒和行為上的改變，但自己卻渾然未覺。

明明有了情緒困擾，卻不自知

因為相信自己具有職能治療的專業技能，也不時在吸收相關知識，加上生性活潑、樂觀開朗向上，應該能處理嫩嬰的所有問題。而且嫩嬰的前幾個月，最基本也只需要顧好生命徵象就好了，這對我來說怎麼會有問題呢？

雖然我有注意到自己在懷孕後期，連看到虐嬰新聞標題都會掉淚，看到描寫親情的語句，都會想到爸媽對我的好而鼻酸。嗯，不過這些都還算正常啦！

畢竟人家說，懷孕就比較多愁善感啊！

可能因為有這樣盲目的驕傲與過度的自信，所以我看不見當時的自己已出現了一些情緒和行為上的改變。

回想起來，那時我大概下午四點半就會開始焦慮，開始檢視自己整天做了些什麼事情。即便鬍鬚張其實不太會過問這些，我還是會忍不住去想。

每天五點整一到，我就開始倒數鬍鬚張回來的車程，還會不時查看Google地圖預估時間。只要他開門的時間超過預計的時間，我就會擺出一張臭臉，質問他為什麼這麼晚？是不知道，家裡還有老婆和小孩在等你嗎？

他注意到我的情緒變化，有時會帶工作上得到的一些小禮物或點心回來，想逗我開心。沒想到我看了之後，卻更加覺得：「你到底是去上班？還是去玩的呀？」

我也更會挑剔他做家事的狀況。洗晾衣服的時候，怎麼會沒把衣服翻正？洗奶瓶怎麼沒有注意到墊圈要洗呢？這樣是怎麼做爸爸的？

終於有了轉機

就這樣過了幾個禮拜。有一天，鬍鬚張下班回家之後，就把我拎起來，將錢包、手機、鑰匙塞到我手中後，很嚴厲地要求我出門去，而且要走一圈才能回來。

「我好累，我不想出門。」我有氣無力地對他說，

「就是因為累，你才更應該出門去走走。」他一邊繼續將手機塞給我，一邊說著。

「你學過那些知識我也會！我才沒有怎麼樣呢！」

「不行，一定要出去。看你要幹嘛都可以，你困在屋子裡已經一整天了，整天都在處理小孩的事情，現在就出門去！」鬍鬚張非常堅持。

算了，就當應付他吧，所以我就出門了。漫無目的地亂走一會後，又去走了夜市一圈。結果回家之後，整個精神狀況就變好了。

親愛的，你看到什麼了呢？沒錯，我當時已經出現一些產後憂鬱情緒的狀況了。

產後出現情緒狀況，真的不是少數人的特質。大概有五〇%到八〇%的孕產婦，都會經歷這個困難的時期。常見的產後憂鬱症狀包括：

1. 食慾不佳或猛吃
2. 失眠或睡太多
3. 疲勞
4. 專注力差、容易忘東忘西
5. 無望感
6. 情緒起伏大、易怒等狀況

如果你家的孕產婦有出現這些狀況，可以多關心一下該怎麼協助呦！

那個時候因為我獨自一個人，要面對照顧嫩嬰的各種瑣碎事情，一整天下來都待在同一個環境裡面，也沒有跟社會進行任何互動。

這時又從手機上看到各種育兒部落客展示照顧小孩的美好與輕鬆，反觀自己，只會看到自己的不足之處。再加上產後身體的變化，不管是惡露、骨盆疼痛，或是剖腹產傷口的拉扯痛，全部都需要自己面對，壓力真的很大。

我真的很像被住家這小小的四面牆，給圍住了。

忘記該照顧自己，大腦漸漸失去彈性

原來，我忘記要照顧自己了。我沒有關照好自己的狀況，覺得自己一定可以做得很好，卻沒有注意到，自己其實已經好久沒有開懷大笑、已經一整天都沒有梳頭打理自己、已經好久沒有獲取育兒之外的訊息了。

幸好當時，鬍鬚張堅持讓我走出家門，物理性地離開現有的環境，強迫接受外面的刺激。他這麼做，為的是要讓我轉換注意力，不要再去關注那些令我不舒服的事情。當注意力一轉移了，情緒就有緩解的空間。而當情緒有了緩解，大腦就會有餘裕、有彈性，能更靈活地判斷各項事務，做出不同的解決方式。

在這段經歷後過了幾年，我在新聞上見到日本女星竹內結子過世的消息。當時我感觸良多，除了因為年輕時追過不少她所演的劇，可能更因為在她過世前的年初，也才剛生下一個男孩而已。

當時日本的評論，充斥著一片指責：「現在這個老公這麼好，小孩也還這麼小，怎麼這麼自私？」「放下小孩沒媽媽照顧，怎麼沒有想到老公？這樣要顧小孩會很辛苦！」

可是，會不會這位媽媽，就是因為平常想到的，都只是要照顧小孩、要照顧家庭，還要照顧事業仰賴她的夥伴們，結果等到支持不了的時候，才突然發現，原來自己並沒有被好好照顧到？會不會這時才發現，我其實已沒有了自己？

照顧自己，並不自私

在我們文化中，很重視群體生活，因此並不允許我們有「照顧自己」的想法，對女性尤其如此。大概整個東方文化，都會覺得女性角色都是為了他人而存在。在進入婚姻或家庭之後，更要犧牲奉獻、燃燒自己、照亮家庭直到最後一刻。

結果一旦提出「照顧自己」的概念時，往往隨之而來的，就是被貼上「自私」、「懶惰」、「無能」等負面標籤。這甚至不需要家庭或社會來指責我們，可能當我們自己心中冒出照顧自己的念頭時，就會對自己展開言論審查，然後盡快將這個念頭扼殺在萌芽階段。

但是，親愛的，不是這樣的。

照顧自己，從來就不是自私、不是懶惰、不是無能。正是因為我們要為了身邊的人，才更要照顧好自己。如果我們想要照顧所愛的人，就更必須要先學習怎麼照顧好自己。當我們自己有足夠的餘裕和能量，才有足夠的能力去照顧別人。

不懂得照顧自己，會對小孩造成影響？

鬍鬚張也有類似的經驗。雖然接下來要說的經驗，可能會讓有些人覺得鬍鬚張是個失職的爸爸，但還是想跟大家分享一下我們自己學習到的功課。

在我們的孩子仲雞四歲的某天，當鬍鬚張在家中忙完手邊的任務後，感到非常疲累，就起身要前往廚房去喝個飲料。在要去廚房的路上，正當鬍鬚張拉開廚房的玻璃門時，正好仲雞也想從鬍鬚張跟門之間穿過，結果鬍鬚張就不小心讓仲雞的腳夾到門底的縫了。仲雞皺眉大叫了一聲，蹲下來抓著自己的腳趾頭。

「爸爸！你夾到我的腳了！好痛好痛！」他的淚水已經在眼眶中打轉了。

「嗯。」然而，鬍鬚張只是冷冷地回應，面無表情地看著他。

或許是因為門底下有足夠高的縫，鬍鬚張看他的腳趾似乎也沒有變紅，判斷應該是沒有受到嚴重的傷，就繼續去做自己的事了。當時鬍鬚張對這件事似乎一點感覺也沒有，甚至心中還浮現了個念頭：「唉，你少在那邊假鬼假怪了。」

而到了隔天要去上班，在電梯間等電梯時，正好看到有一個小孩對著他媽媽唉唉叫，不知道發生了什麼事。這時，鬍鬚張突然開始擔心起來：「仲雞的腳，到底有沒有怎麼樣啊？」

不是你想得不夠遠，你只是太累了

那陣子真的是有點太累了。當時我們正在準備該年度最重要的計畫之一，是一門線上課程。鬍鬚張負責做校對、潤稿的部分，忙到連續好幾天都沒好好睡覺，結果連帶之後的作息也跟著亂掉了。

就這樣，有好長一段時間都受到影響。晚上有時候睡不著，不然就是更容易拖到很晚才去睡，早上起來也沒有什麼精神。說實在的，真的也不年輕了，沒有辦法像以前一樣，可以前一天晚上騎車衝去玩通宵，然後隔天白天回來繼續上課。

身體的生理因素，真的對我們的理智、判斷力、情緒會造成重大的影響。有些人可能覺得，自己會不會是一個很糟糕的父母？為什麼自己沒有辦法像其他人一樣，可以想得長遠一點？面對小孩時，為什麼無法思考到那些教育理念呢？

但其實，有時候並不是你想得不夠遠，單純只是因為你太累了。會變得目光如豆、無法考量到大局，很有可能只是因為你的眼皮早已累到想直接閉上。這時候除了先照顧好自己，讓自己有適當、足夠的休息之外，別無他法。

根本就沒有「虎毒不食子」，只有「安適的虎」，才不會食子

傳統認為，即使老虎再怎麼兇，面對自己的孩子也不會出手傷害他，也就是俗話說的「虎毒不食子」。很多人都會用這句話來對父母進行道德約束，更多人會用這句話來道德譴責自己。特別是在看到身邊、網路上的完美父母時，自我譴責的力道就會更加嚴重。

但你知道嗎？真實的情況完全不是如此。假如你略懂自然生態的話，你就會知道，其實根本就沒有「虎毒不食子」這回事。在生存條件不充裕，或危及自己的前提之下，老虎對幼子下毒手，其實是屢見不鮮。自然界是如此，人類世界也是。

只有「安適的虎」才不會食子。父母唯有先照顧好自己，才可能實現符合理想的教養。

而這就是為什麼我們要先「照顧好自己」。這不管對自己、對家人而言，都是非常重要的。如果我們沒有辦法照顧好自己，根本就不可能會有餘裕來處理我們的孩子，也根本就不可能會有餘裕，能夠讓我們調適好自己的情緒和狀態，來提供給孩子一個情緒更穩定的環境。

畢竟，當我們自己情緒不穩定、情緒過度波動的時候，孩子往往都是第一個受到影響的。而孩子也跟著情緒起伏後，我們又沒有能力可以調適情緒，就進入一個惡性循環。

所以讓我們先一起來學習，要怎麼好好照顧自己，好嗎？

接納孩子之前，先接納自己、照顧自己

在我們跟孩子的互動過程中，常常會有很多我們沒有意識到的歷程，在看不見的地方不斷發生。這些在意識之外的歷程，有些跟我們的原生家庭、成長經驗有關。而有時候，我們如何看待當下的自己，也是一個影響因素。

其中一個徵兆，就是孩子的某些言行舉動總會觸發我們敏感的神經。然而你知道嗎？常常在他們身上所出現的那些你不喜歡的面向，很可能也是你無法接納自己的那一面。

我要來講一個鬍鬚張的故事，以下會以鬍鬚張的角度做第一人稱。

小孩就是一面照妖鏡

在仲雞大概兩歲半時，正處於學習語言及行為的大爆發過程。有一次，他正在嘗試玩某個有一點難度的玩具，但怎麼試都沒辦法成功。

「嘖！」他突然對著玩具嘖了一聲。

在那一瞬間，我先是覺得訝異，他怎麼會發出這種聲音？而就在下一瞬間，突然一股夾雜著怒氣與煩燥的感覺，從我的心底爆發出來。就只差一點點，就要脫口而出開罵了。

「奇怪，為什麼會這樣？」在心底，我產生了這個疑問，並對自己的這段心理歷程感到好奇。

之後的幾天，我也特別注意到，類似的過程又發生了好幾次。甚至，是在我們不順著仲雞的心意，或阻止他去做某些事的時候，他就會發出這種聲音。然後每次我都無法控制他，因而感到極度不爽。

「不可以發出『嘖』的聲音，這樣子很沒禮貌。」在還算冷靜的時刻，還能用平靜的語氣說。但有時候很累，當我自己情緒控制不住時，就會把仲雞給罵哭了。到底是為什麼啊？雖然很不喜歡這樣，但每次都無可避免地走向這個結果。

幾天之後，我忘記幫仲雞穿尿布，結果就在床上尿濕了。看到滿床的尿，煩燥感又上來了。

「嘖。」是同樣的嘖聲，但這次是出自我的口中。

啊，這是自己發出的嘖聲。轉頭一看，仲雞就在一旁，雙眼直直看著我。原來如此，原來是從我身上學來的。

於是，接下來有一陣子，我面對仲雞的嘖聲時只能束手無策。畢竟，那是自己用身教直接教出來的。

這麼一來，也只能調整自己了。我那段時間都會盡可能忍住，不要發出嘖聲，或至少在他面前時不要發出來。這樣堅持了好一陣子後，仲雞的嘖聲才終於開始變少。

或許，是因為當我發出嘖聲時，都是在自己遇到不順心事情的當下。所以當他發出了嘖聲時，我的潛意識中，那些跟不順心、煩躁事件有關的記憶，就都被這個嘖聲給勾出來了。

看著孩子，就是看著還沒長大的自己

當我們在看著孩子時，同時有很大的一部分，也是望向自己心中那個還沒長大的自己——那個被你留在潛意識中，還沒長大的自己。我們很多時候，都是在童年經驗的基礎上，無意識地靠著慣性過著育兒生活。而這個沒長大的自己，常常就會讓我們用不想要的方式，來對待自己的孩子。不過幸好，我們仍然是可以改變的。

在幾年前突然又開始流行起來的阿德勒（Alfred Adler）心理學，其中有個觀念對我們有很多影響：每個人都可以不被童年綁架，每個人都是有機會改變的。因為過往的經驗，或許可以用來解釋「原因」，卻不能成為目前問題的「解決之道」。當鬍鬚張受邀去演講時，常常都會講到一個很重要的觀念：「過去是不能改變的，未來是不能掌握的。我們唯一能掌控的，只有現在。」

當然，我們其實也可以什麼都不做，我們也可以選擇讓過去的經驗綁住自己，讓它們繼續影響我們跟孩子的關係；或者我們也可以做出不一樣的選擇。想要改變孩子，可能要先改變我們自己。想要學習接納孩子，可能也要學習接納我們無法改變的過去，還有那個還沒長大的自己。

學習接納自己過去的經驗，而不是帶著評論與排斥的態度，也是「照顧自己」當中非常關鍵的一環。接下來，讓我們一起來認識，什麼是「照顧自己」。

到底什麼才是照顧自己？

我們已在前面講到很多次所謂的「照顧自己」。你可能會忍不住想問：「那到底要做什麼，才算是照顧自己呢？」

去看場電影並吃個大桶的爆米花，是照顧自己嗎？還是上網購物、趁周年慶時爆買，就是照顧自己呢？去做 SPA、做美甲，是在照顧自己嗎？又或者，宅在家裡瘋狂追劇，才是照顧自己呢？辛苦的上班日，在下午訂杯飲料寵愛自己，是照顧自己嗎？

甚至很多父母在聽到「照顧自己」這個概念時，他們的第一直覺都是：「我也知道要照顧自己啊！但我要怎麼照顧自己呢？那小孩怎麼辦？我放手不管，那家庭怎麼辦？難道說，我要把小孩丟一邊，先不管他嗎？」

好的，在這裡我要先自己招供，當初我聽到「照顧自己」這個概念時，只覺得有一種似懂非懂的感覺。但認真一想又開始覺得，這不就是所謂的「心靈雞湯」嗎？就是那種聽起來好像很有道理，但仔細想想，也不知道對自己的生活有什麼用的雞湯。這實在是太抽象了！

直到自己生了小孩後，在請育嬰假的過程當中，才開始有了一些不同的體悟。

當年我們夫妻分別請了育嬰假，當自己跟小孩關在家的過程當中，有一段時間，都陷入了非常低落的情緒。當時，看著臉書上那些很會帶小孩的朋友、網紅粉專，都不停在分享自己的「成績單」，反觀自己卻總是廢在家。想到要出門就覺得累，打算在家設計活動卻又懶。

在這情緒的低谷當中，一個讓我能走出來的重要關鍵，就是有朋友開始跟我討論，他自己帶小孩時遇到的困境。

當這個討論一開始的時候，我就突然意識到，其實陷入這種困境的人，並不是只有我一個人而已。就在我意識到這件事情的時候，事情就有了很大的改善。

這就是研究「照顧自己」這議題多年的心理學家聶夫（Kristin Neff）所提

出的觀念，照顧自己的其中一個方向是：了解到自己的經歷、困境並不特別。比起覺得自己是個獨一無二的悲劇主角，體認到還有其他人也跟自己經歷同樣的痛苦，這本身就會幫助我們活得更自在。

這個經歷，就是我們創立「OT莉莉當媽媽」這個粉專與社群，以及Podcast頻道「職能治療師媽媽OT莉莉練肖話」的起點。在我們的社群裡面，有很多父母或其他照顧者，其實都有類似的困境。在困境的當下，常常會覺得孤立無援，不知道該如何處理，也不知道該如何面對。可是當有了很多夥伴，跟你一起往前行的時候，你的心境就會很不一樣。

每當看到我們的社群當中，有人提問自己遇到的困境，然後又看到其他人主動跳出來分享自己的經驗，就讓我一再意識到，其實並不是只有你自己面對這樣的困境，你並不是世界上唯一遇到這個問題的人，你不是孤立無援的。其實有很多人跟你一樣，而大家都可以互相幫忙。今天大家分享經驗幫助你，明天換你分享經驗幫助其他人。這就是在經歷「照顧自己」的起點了。

照顧自己的三步驟

有了這樣的出發點後，我們在後面將會學習，要怎麼從職能治療的角度來檢視自己的現況，找出隱藏的盲點。因為如果忽視了這些基本需求的重要性，自然就無法照顧自己了。

簡單來說，我們會按照以下步驟，來一一釐清應該如何處理現有的問題：

1. 自我覺察：意識到自己需要被照顧。
2. 檢視需求：了解自己到底有哪些基本需求，並找出自己目前生活失衡的部分是什麼。
3. 進行調整：透過三種方向來改善自己的生活，達成照顧自己。

父母的自我覺察，是第一道防線

發現自己的情緒線索，才不會誤判情緒而不自知

在眾多的講座邀約中，其中一個我其實不太講的議題，就是孩子的睡眠。因為陪睡過程對我來說，一直都是件很累人的事情。

我們家的睡眠儀式是這樣的：洗完澡之後，接著共讀，然後就關燈，牽牽手睡覺。

然而在牽牽手睡覺時，總是要花上很久的時間。要麼是人躺好了，身子卻一直扭來扭去，要麼一下子「媽咪，我要喝水」，要麼就睜著眼睛說「小夜燈好亮喔」，再不然就「媽咪，我眼睛好痛喔。」

「為什麼都還不睡覺？媽咪要生氣了！」最後，都要我大吼，才有可能換得一陣安靜。

而我是真的生氣了。當我躺著陪睡時，同時心中還盤算著：「啊，今天要寫的文章還沒寫、要讀的書還沒看、洗澡前丟進洗衣機的衣服還沒拿出來晾、客廳地上有一堆東西還沒整理……。」

我掏出手機，試著轉移注意力，避免自己一直關注那個像小蟲一樣不停扭動的仲雞。但後來我才發現，看著手機的我，其實一點都沒有放鬆到。

—

自我覺察真的很重要，也是很多人雖然在概念上知道，卻常常在生活中忽略的一環。每當我的演講主題講到「在照顧家庭之前，要先照顧好自己」時，我也都會談到自我覺察。

自己覺察，是需要很多練習的。以生氣來說：

1. 你知道自己生氣了嗎？
2. 你知道快要生氣前的自己，是什麼樣子嗎？

3. 你知道正在生氣的自己，是什麼樣子嗎？
4. 你有問過身邊親密的人，自己生氣時的模樣嗎？

生了仲雞之後，家庭的事務與責任開始變多了，在很多細瑣的事情上、價值觀的呈現上、對教養的想法上，翳鬚張跟我有越來越多的磨擦與溝通，難免有情緒高漲、互相爭吵的時候。

好在兩個相同職業、經過類似訓練的人在一起，在衝突完之後，一定會尋求修復。我們的修復過程中，除了檢討發生事情的經過之外，也會回饋對方自己的感覺，還有回饋對方的狀態，讓對方知道。

在這樣一次又一次的回饋練習當中，我們對彼此越來越了解，也對自己的狀態越來越了解，並能試著時時觀測自己的情緒訊號。

例如肌肉緊繃，就是一個常見的緊張、生氣、焦慮的身體訊號。至於到底是緊張、生氣還是焦慮？就有賴進一步觀察肌肉緊繃前後發生的事來判斷了。

回到前面的陪睡例子。有一天，仲雞終於睡了，我就打開手機準備要來看我的舒壓韓國綜藝節目 Running Man。這時，鬍鬚張進房間準備要睡覺了，看到我正躺在床上直直盯著手機螢幕，順口就念我：

「怎麼還不睡？剛剛陪仲雞的時候，妳後來不就已經在看手機了嗎？」

「你不要管我好不好！」我沒好氣地回他，「剛剛我根本就不知道在看什麼，我現在才正要好好地看。」

雖然鬍鬚張搖搖頭離開了，但這時「叮咚！」我心中的燈泡突然也亮了！「剛剛根本就不知道在看什麼」就是個問題啊！

仔細想想，我剛剛還真的都不知道在看什麼。其實就只是在試著要轉移自己生氣的注意力，卻徒勞無功。對，我剛剛就是花了很多時間在生氣，拿著手機看 Running Man 時也在生氣。難怪我明明躺在床上應該要放鬆的，但是身體卻緊繃得要命。

原來，我的身體早就已經對我發出了情緒訊號。幸好我後來也發現了這個訊號，知道其實我陪睡的時候，一直都在生氣緊繃。再進一步想，也能理解為何仲雞會睡不好了，畢竟像這樣不穩定的情緒，一定會為仲雞帶來緊張不安的氛圍。關了燈，就像身處在黑暗森林中一樣，感覺危機四伏，那怎麼有辦法讓仲雞放心入睡呢？

所以後來我改變了策略，不帶手機進他房間了。在共讀睡前故事之後，就關燈聊天、談談一天發生的事情。然後……我就睡著了，仲雞也跟著我放鬆地睡著了。就跟前面說的一樣，睡前不用手機，減少藍光後，才發現自己的大腦是真的累了。

那至於沒做的事情該怎麼辦呢？鬍鬚張跟我，就只好重新調整生活與其他事項的模式與優先次序了（第三章會有進一步介紹）。

幫自己的情緒做個快篩

在沒有經過訓練和學習的情況下，要做到自我情緒覺察，真的是不容易。那有沒有什麼初學者可以入門的方式呢？當然是有的，那就是幫自己的情緒做個快篩，甚至是來做個PCR。

在這個後疫情時代，你的鼻子可能已經做過很多次快篩了。但是你的情緒呢？

說實在的，如果平時沒有學習自我覺察，很難發現自己其實是有憂鬱狀況的。我想，在我們之中大部分的人，其實都沒有受過自我覺察的訓練，因此即使自己的狀況變糟了，也不見得有辦法及時發現。結果，就是要等情況變得很嚴重後，才一次爆發出來。

就算沒看過阿滴的影片，你應該也知道他是個知名YouTuber，使用有趣的方式教英文，有著近三百萬的粉絲。但不曉得你有沒有看過，他其中一支特別的影片，一反之前的調性，公開跟粉絲說明，其實他在過去一年多的時間中，都受到憂鬱症的困擾。

而在過去，其實也有很多 YouTuber 都表示，自己曾受到憂鬱症所苦。這或許對整體社會是有幫助的，因為可以讓大家更意識到，即使生活光鮮亮麗，也有可能受到情緒的困擾。

憂鬱問題在現代社會中很常見，卻不容易被察覺。等發現時，通常都已經很嚴重了。那有沒有什麼方式，可以及早確認自己是否需要幫忙呢？有的！這裡提供給你兩個工具。

心情溫度計

台大醫院精神醫學部名譽教授李明濱醫師，有製作一個簡易的量表，叫作「心情溫度計」（BSRS-5），就是個很好用的工具。只要花個兩、三分鐘就可以完成，就像是情緒的快篩，可以幫助你檢視自己目前的狀況。

心情溫度計

	完全沒有	輕微	中等	嚴重	非常嚴重
1.睡眠困難	0	1	2	3	4
2.感覺到緊張不安	0	1	2	3	4
3.覺得容易苦惱或動怒	0	1	2	3	4
4.感覺憂鬱心情低落	0	1	2	3	4
5.覺得自己比不上別人	0	1	2	3	4
6.有過自殺的想法	0	1	2	3	4

計算前五題總分：

- ≦5分：正常範圍，身心適應良好
- 6-9分：輕度，宜做壓力管理、找人談談，紓解情緒
- 10-14分：中度，宜做心理衛生專業諮詢
- 15分以上：重度，建議尋求專業諮詢或身心科診療

如果第六題是2（中度）以上，即建議尋求專業諮詢或診療

參考資料：
李明濱等(2018)。自殺防治系列12：心情溫度計－簡式健康量表(BSRS-5)。社團法人台灣自殺防治學會暨全國自殺防治中心，5-8。

請一一檢視上頁量表中的六個狀況，看它影響到自己生活的程度有多少。從0分到4分，分別幫自己評測一下，或者請信任的親友幫你評（也可以幫身邊有狀況的親友評）。在評測的過程，不用在意其他人的看法，這個分數是很主觀的，只要誠實面對自己，老老實實回答就好。

計算出前五題的總分，看看落在哪個範圍，就可以知道自己是否需要一些幫忙了。另外，如果第六題——有過自殺的想法——是2以上的話，不管其他分數是多少，就建議要尋求專業諮詢，或是去身心科進行診療。

一起來幫自己的情緒做個快篩吧！你做出來是幾分呢？我寫到這裡時，也順便幫自己測了一下，結果這次是6分，看來我得處理一下累積的壓力了。

過勞量表

疲勞狀態是一種很重要的健康指標，可以幫助我們提早發覺問題的早期徵兆。勞動部勞動及職業安全衛生研究所的《過勞自我預防手冊》中，有一個過

過勞量表

		總是	常常	有時	不常	幾乎沒有
個人相關	你常覺得疲勞嗎？	4	3	2	1	0
	你常覺得身體上體力透支嗎？	4	3	2	1	0
	你常覺得情緒上心力交瘁嗎？	4	3	2	1	0
	你常覺得快要撐不下去了嗎？	4	3	2	1	0
	你常覺得精疲力竭嗎？	4	3	2	1	0
	你常覺得虛弱、好像快要生病了嗎？	4	3	2	1	0
任務相關	你的育兒生活會讓你情緒上心力交瘁嗎？	4	3	2	1	0
	你的育兒生活會讓你覺得快要累垮了嗎？	4	3	2	1	0
	你的育兒生活會讓你覺得挫折嗎？	4	3	2	1	0
	育兒一整天之後，你覺得精疲力竭嗎？	4	3	2	1	0
	醒來時，只要想到又要過一整天，你就覺得沒力嗎？	4	3	2	1	0
	育兒生活中你會覺得每一刻都很難熬嗎？	4	3	2	1	0
	你有足夠的精力陪家人或朋友嗎？	0	1	2	3	4

個人相關分數：（六項加總 × 25）÷ 6
任務相關分數：（七項加總 × 25）÷ 7

個人相關過勞分數

- 50分以下：輕微過勞。目前的狀態不錯。
- 50-70分：中等過勞。建議你試著透過這本書，找出調適生活的方式。
- 70分以上：嚴重過勞。建議你除了試著透過這本書，找出調適生活的方式外，可再進一步尋找專業人員諮詢。

工作相關過勞分數

- 45分以下：輕微過勞。目前的狀態不錯。
- 45-60分：中等過勞，你有時對育兒生活感覺沒力、沒有興趣、有點挫折。建議你透過這本書，找出調適育兒生活的方式。
- 60分以上：嚴重過勞，你已經快被育兒生活累垮了。建議你可以試著透過這本書，找出改變生活的方式，另外還需要進一步尋找專業人員諮詢。

參考資料：

Kristensen, T. S., Borritz, M., Villadsen, E., & Kristensen, T. B. (2005). The Copenhagen Burnout Inventory: A New Tool for the Assessment of Burnout. *Work & Stress,* 19(3), 192-207.

勞工安全衛生研究所(2009)。過勞自我預防手冊。勞動部勞動級職業安全衛生研究所，4-6。

勞量表，我們將這個過勞量表調整成針對育兒生活的樣子。這個跟心情溫度計相比，會再更深入一點了解自己目前的狀態。

記住，這些工具不是要讓你用來苛責自己，而是要幫助你發現問題，就像臨床上的診斷工具一樣，先找出困難點在哪裡，然後才有辦法進一步尋找可能的解決方案。讓你在黑暗的山洞中，瞥見出口的一絲光線。

就讓我們一起開啟這段調適之旅，幫自己出問題的生活好好校正一番吧！

2

到底哪裡出問題了？
—— 找到生活失衡之處

在上一章，我們了解到為什麼需要照顧自己之後，接下來就要更進一步探討，在實際執行層面上，到底有哪些是我們可以做的？以及在生活中，有哪些陷阱坑洞，是我們要小心避免重複踏進去的。

我們先一起來看一個案例故事。這個故事我們在後面會一再回顧分析，如果之後忘記了，可以再翻回來看一下。❶

小美的案例故事1

「我覺得今天這道菜，味道好像怪怪的？」小美的先生阿明在飯桌上，吃了一口後，淡淡地這麼說。「是不是有點煮過頭，太焦了？」

「味道怪怪！」小美兩歲的小孩，不只是有樣學樣跟著說，還早已把自己碗裡的飯菜弄得到處都是，小美光看就覺得心煩。

❶ 這個故事內容已經過改編，並且已去識別化。

「是怎樣，是嫌我煮得很難吃嗎？」小美的語氣中略顯不滿。

「不是，我不是這個意思……」

「不然你是什麼意思啊？」小美累積已久的壓力，終於在這一刻爆發。「我都已經這麼辛苦，趕著下班後跑去買菜，還煮晚餐煮到腰痠背痛。我才剛坐下來休息，然後還要被嫌棄煮得不好吃嗎？」

小美往嘴裡塞了兩口飯，但肚子早已被怨氣灌滿，胃口全無。

「要嫌的話就不要吃啦！」

啪的一聲，小美把筷子向桌面一拍，就起身離去，進到房間把門用力甩上。留下一臉錯愕的阿明，還有嚇到話都不敢吭一聲的孩子。

小美的案例故事2

進房後，小美就躺在床上滑手機。但也沒心情看進去，只是到處亂滑一通。看到自己的朋友在國外生活，在美麗陽光沙灘上的比基尼照，反觀自己的小腹……，草草按個讚，就滑過去了。接著，又看到網美的美好育兒生活，心情就更煩躁了。

忍不住了，就在臉書上發文抱怨。臉書朋友都一面倒地鼓吹：「再嫌就把離婚協議書放桌上啦！」「還不快放生！」「再嫌就自己煮啊！」這些留言都獲得許多讚與怒。

「不要想太多，看開點就好。」有些臉友試著想要安慰小美，而這也獲得一堆讚。

想到明天還要上班，就更不想睡了。不如打開Netflix，追個無腦劇吧？一集追過一集，等意識到時，已經是凌晨兩點了。想到今天一事無成，小美更覺得自己是個失敗的人，帶著這樣負面的想法入睡。

小美的案例故事3

隔天上班，小美的精神不好，難以集中精神，工作效率也差。

「怎麼連這個都做不好？讓你做一整天，你就交給我這垃圾？你是來幾年了啊？」主管把小美的報表丟在地上，小美只能含著眼淚，默默撿起來。

又到了晚上，小美覺得自己瞎忙了一整天，回家還要面對相看兩相厭、越看越討厭的小孩，心如死灰。早早就又躺上了床，但一樣是打開Netflix，又追劇到兩點。

雖然每天都活得很累，但完全不知道自己是在忙什麼，就像坐在搖椅上拚命搖動，卻只是在原地瞎忙而已。是個媽媽？是啊，是個失敗的媽媽。是職場人士？對啊，但完全沒有升遷機會了吧？這才不是自己想要的生活……。

小美的案例故事4

這天，接到爸媽的訊息。原來他們懷疑自己確診了，但因為他們家平時沒有備耳溫槍，所以跟小美他們借。小美在家裡翻遍了，竟然一時也找不到耳溫槍，這讓他們夫妻吵了起來。

「為什麼你都要讓小孩拿著玩啊！」

「最好是喔！我從來就沒有讓他拿著玩！」

「你什麼事情都只會怪別人！反正都是別人的錯就對了啦！你這樣跟你媽有什麼不一樣？」

小孩大哭。她氣到甩門出去，什麼叫跟我媽一樣！「他動不動就口出惡言，才跟他爸一樣咧！」小美心裡這麼想著。走到了藥局，決定再買一枝耳溫槍，衝動買下最貴的那枝，然後開車送去給爸媽用。

當晚，她又訂了二十支快篩，雖然家裡其實還有十幾支。

小美的案例故事5

因為有事情，小美暫時將小孩寄到公婆家兩天，結果在接小孩時發現他竟然正在邊看電視邊吃糖果！一問之下才知道，原來已經看了半天電視了！

「沒啦，我想說囡仔很可憐，在家裡都沒電視可以看，就讓他多看一點沒關係吧？」

「婆婆這是在酸我嗎？」小美心想。

想到在當年結婚時，婆婆曾信誓旦旦地說：「我會把你當女兒」，怎麼現在是這種情況呢？

上面這些例子中，小美的問題似乎很常見，但好像又有點複雜，這是怎麼回事呢？歸根究底，是因為小美生活中的基本需求出了問題。

四大基本需求：生活平衡理論

根據美國職能治療學家馬圖斯卡（Kathleen Matuska）提出的「生活平衡理論」（Life Balance Model, LBM），我們每個人在生活中的基本需求，不出以下這四個：

1. 身心健康：是指我們的各種生理需求可以得到滿足，能吃飽睡飽，大腦也能適時得到足夠的休息。
2. 人際關係：是指我們能與身邊的人建立良好、正向的人際關係。
3. 全心參與：是指我們能從自己的各種生活任務中，得到足夠的參與感、挑戰性，以及掌控感。
4. 個人認同：是指我們能擁有運作良好的內心信念、能認同自己的角色，並在群體中找到歸屬感與意義感。

這幾年下來，我們在跟許多家庭對談的過程中，常會發現在各式各樣的問題背後，都藏有這四種基本需求的影子。透過這個視角，可以幫我們解答許多問題，讓我們發現問題到底是出在哪裡，也可以讓我們意識到自己在育兒過程中，會覺得很挫折的原因。

這四種需求，就像是一台車的四顆輪胎，必須四顆都有，而且每一顆輪胎充的氣也得適量均等，不然行車安全就有問題了。

如果有任何一顆輪胎胎壓不足，或者胎壓不平均，甚至是其中一、兩顆整個爆胎了，都會讓行駛過程不順利。真的硬要繼續開，雖然也不是完全沒辦法開動，但會非常危險。光是要握好方向盤，就累得半死了。

大部分的育兒生活，之所以會在自己的調適過程中卡關，都是因為這四項需求出了問題。

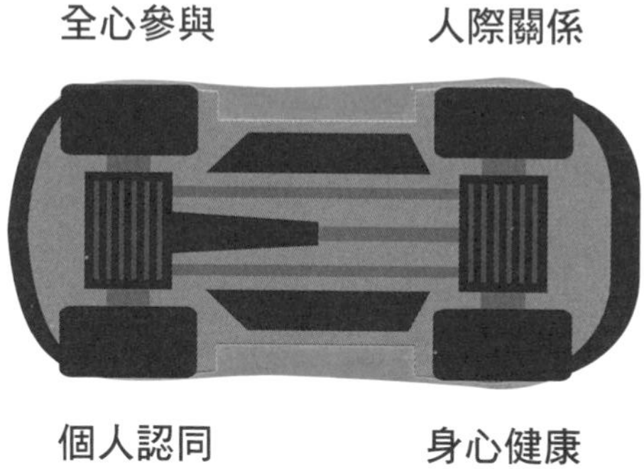

▲四大需求示意圖

面對孩子會有情緒，問題可能不在孩子

看完以上內容，不知道你有沒有意識到，這些其實通通都是從我們「自己」的角度來出發，來思考自己有沒有哪些可以調整的地方。

「難道說，你是要我們像古人說的，要『反求諸己』嗎？這未免也太八股了吧！況且，這也不一定都是我的問題啊！」一定有不少人會這樣提問，「也有可能是小孩，或者是隊友很雷造成的吧？還有公婆／岳父母啊！」

確實，有很多問題都不出在我們自己身上。但相對來說，那些不在自己身上的問題，難道是我們可以掌控的嗎？

有太多的人事物，都是我們無法控制的。針對這些，我們除了學習、接納以外，唯一能做的，就只有「在我們真正能夠掌控的部分上努力」。除此之外，真的是沒有別的辦法。

所以，當我們面對自己的情緒時，與其將這狀況向外歸因，認為這是其他

人造成的，倒不如把這當成一個通知的信號，來幫助我們檢視自己的狀態。就像是當車子的儀表板上，如果出現了不尋常的燈號，就知道車子有些狀況了。

會不會，我差點就成了下一個竹內結子？

寫到這裡，我又回想起前面提到的竹內結子。或許，她在外人的眼中是個人生勝利組，是個車速全開的成功人士。然而，或許在其他人未曾注意，甚至是她自己有意無意去忽視的地方，有某顆輪胎已經出狀況了。或許是照顧小孩的壓力大，或許是親密關係有了困難。不管是什麼，當她正在駕駛座上全速疾駛，等意識到時，眼前看到的，已是翻車過程中的人生跑馬燈了。

當年竹內結子的生活中，到底是哪顆輪胎有缺陷，而真實情況又是什麼，我們當然無從得知，上面也只是我個人的猜想。然而我真正想說的是，要是當年我自己沒有調適過來，會不會我就是下一個竹內結子？

因此前面的自我檢核表很重要，可以在日常生活中，在第一時間幫助你、讓你意識到自己正落入情緒當中，無法跳出來。這樣才能更即時找出可以幫助自己調適的部分。

建議你，可以在平常情緒狀態還不錯的時候，就先稍微做做看心情溫度計檢核表，留一個印象。畢竟如果對這個檢核表完全沒有任何印象的話，那等到真正處在情緒的當下時，很難會想到該來做個檢核。所以建議你，即使不用全部背起來，但還是要在自己的狀態還不錯的時候，就先檢核看看，相信會很有幫助的。

—

這裡說到「自己的問題」，我還想再進一步說明，以免有人誤會。

其實我只是想要引導你從不同的視角，來看待孩子跟你的現況。不管我們做出來的行為是什麼，我想讓你知道，我們都不是帶著惡意去做的。我們真正需要的，並不是開會檢討，而是要試著找出突破口，用更有效率的方式、用之前沒有注意到的路徑，來改善現在的生活情況。

我們之所以會做出那些討厭的行為，很多時候其實都是因為有危機感、不安全感，於是就直覺地展開反擊。這就跟動物在被逼到絕境時的舉動一樣，如果一隻貓已經弓起了背，你還硬要抱牠，那麼被抓傷只是理所當然的。

我相信人性本善。如果我們在身心健康、人際關係、全心參與及個人認同上的需求能得到滿足，其實大部分的人都可以表現出自己很滿意的行為。也是在這種有安適感的狀態之下，我們才有機會表現出自己的潛能，執行出讓自己滿意的照顧行為。

只要我們用更有系統的工具，來重新檢視自己身邊隱藏的解方，並試著用在自己身上時，就能更接納自己當下的狀況、不再帶著怨念來看待自己了。這個過程，也正是照顧自己的一環。

確認自己哪個基本需求出了狀況

當基本需求沒有得到滿足時，我們很容易會變成一種失去彈性的狀態，無法應對生活中的各種變化。在育兒生活中，這樣的狀態就會迫使我們只去思考該怎麼「有效率地把這小孩搞出的鳥事解決掉」，而無法更進一步思考你們之間的親密關係呢？我這麼做時，小孩會有安全感嗎？

美國行為科學家穆蘭納珊（Sendhil Mullainathan），在他的著作《匱乏經濟學》裡有個觀念很值得說明一下。他指出當人們處在匱乏狀態下，就會進入「聚焦」（focusing）跟「隧道效應」（tunneling）中。這時做事會很有效率，但是同時也會失去彈性。就像當我們航行在海上時，如果船底破了洞，比起思考接下來要航行去哪旅遊，這時整個腦子更容易進入保命狀態，只能思考該怎麼更有效率地舀水而已了。

這時，你可能就會問，當實際遇到情緒來臨時，我怎麼可能從頭開始看起這本書？沒錯，我們也考慮到這點了，因此我們做了一個快速自我檢核表（見後面兩頁），讓你知道該從哪裡開始讀起。

當你完成了這個檢核表之後，其實你就已經啟動了自我覺察的第二步：找到自己在哪個部分出了狀況。就像使用導航時，需要先找出自己目前的所在位置一樣。

這更是跨出了改變的一大步，為第四章的自我修復做準備。並且，隨著一次次的練習，我們就漸漸能以更快的速度，定位出自己需要調整的部分是什麼。

這個過程並不容易，但相信有一天，你會突然意識到，即使不必再拿起這本書，你也已經可以隨時清楚意識到自己當下需要調整的部分，並且發現自己已握好方向盤，可以開往下一個旅程。

接下來，就讓我們一起學習，可以怎麼透過職能治療的方法，來達成生活平衡吧。

快速自我檢核表

身心健康：睡眠		
• 這幾天睡眠狀況如何？有睡得不好嗎？	□是	□否
• 很難入睡嗎？或是躺著卻一直很想滑手機？	□是	□否
• 陪小孩睡覺感到煩躁？忍不住想要一手遮小孩的眼睛，另一手握著手機追劇？	□是	□否
• 不管怎麼躺，身心就是無法放鬆？	□是	□否
身心健康：飲食		
• 光忙小孩的事，就沒時間好好吃飯了嗎？	□是	□否
• 現在肚子餓嗎？血糖過低嗎？	□是	□否
• 有喝夠多的水嗎？嘴巴是否乾乾的？	□是	□否
身心健康：休息		
• 腦袋是否很緊繃，或失去思考的彈性？	□是	□否
• 有辦法集中精神嗎？	□是	□否
• 一抓到空檔，就想要抓起手機來滑？	□是	□否

人際關係		
‧總覺得孤單？找不到同伴？	□是	□否
‧跟其他人的互動有狀況嗎？或是將要面臨人際關係的壓力？	□是	□否
‧與人相處的過程中，陷入情緒反應了嗎？	□是	□否
‧我是不是想對他們說些什麼？或希望他們做出什麼改變？	□是	□否
‧社群媒體是不是越用越煩？	□是	□否
全心參與		
‧最近是否有壓力事件、重大變化，而覺得沒有掌控感？	□是	□否
‧是不是正遇到一些不順心的事？	□是	□否
‧面對眼前的困難，覺得自己無能為力嗎？	□是	□否
‧休閒時段結束後，總覺得特別空虛？	□是	□否
個人認同		
‧最近的生活不知道自己在幹嘛、覺得自己一事無成？	□是	□否
‧現況跟自己理想的生活落差很大嗎？	□是	□否
‧跟其他人相比，覺得自己根本是失敗的父母？	□是	□否
‧有種「我是誰？我到底在幹嘛？」的感覺，也不知道這些問題該跟誰討論？	□是	□否

3

努力之前，
先努力對方向

方向不對，努力白費

二〇一七年的日本笠岡市，發生了一件馬拉松比賽的烏龍事件。當時的國小組總共有二百六十三人參加，結果因為路標不是很清楚，造成領頭的選手看錯方向，跑向錯誤的路線。而在後面的其他選手，全部通通都跟著跑進錯誤的路線，於是全員都不小心抄了近路，提前到達了終點。

只有一位選手除外，他是跟不上大夥的最後一名，因為跑得太慢沒有跟著其他人跑錯路，所以只有他正確跑完全程。結果，這些跑錯的二百六十二位選手因此失去比賽資格，而最後一名的選手，就變成第一名了。

正所謂「方向不對，努力白費」。做得正確，遠比做得有效率更重要。不管是我在臨床上，或在與許多父母溝通的過程中，都會發現有很多人其實也一直在努力，但常常覺得徒勞無功，只收獲滿滿的挫折感。這些人忽略掉的重點是，在努力改善自己之前，應該先要努力找對方向。

很多人好像都對自己的狀況似懂非懂，或是覺得情況好像很明顯，卻不知道該怎麼樣去改善。這問題到底出在哪裡呢？我在職能治療的專業當中，找到了一部分的原因：這是因為，沒有辦法先系統性地了解自己整體的狀況，也就無法進一步看出藏在身邊的可能解方。

先來看個你應該很熟悉的故事吧！

古代有位國王心血來潮，叫大臣找來幾個盲人讓他們摸象。等這些盲人摸完之後，就問問他們覺得大象長什麼樣子。

摸到象牙的人說：「大象長得跟矛一樣。」

摸到象耳朵的人說：「大象長得跟扇子一樣。」

摸到象鼻的人說：「大象長得像蛇一樣。」

摸到腳的人說：「大象長得跟柱子一樣。」

摸到肚子的人說：「大象長得像面牆一樣。」

摸到象尾的人說：「大象長得跟繩子一樣。」

他們的回答正確嗎？好像對，又好像不對。關鍵在於，其實他們摸到的雖然都是象的一部分，但也都不是完整的象。

那麼，如果大臣在盲人摸到象牙時，先告訴他：「這是大象的前面，是牙齒的部分。」那麼這故事會變得如何呢？

這時候盲人可能就會說：「喔，原來他的前面長成這樣！」於是，他就會在摸完前面的牙齒、象鼻及耳朵後，又再說：「那我要再摸摸中間的部分。」於是在摸完肚子、腳後，又再摸後面的象尾。在摸完幾個關鍵的部分，同時也知道他們之間的位置關係，就可以大致上知道象的模樣了。

善用 PEO 理論，找到生活中正確的努力方向

很多人在試圖解決自己問題的時候，其實也是面對類似的困境。都是看到單一個問題，也只看得到那個問題，卻沒有意識到，到底這個部分是處在整個

生活中的哪個位置。

像前一章提到的小美，也是身陷困境之中，卻摸不清自己身在何處。

如果要使用 Google 地圖找出行走路徑的話，在定位找出我們目前所在的位置後，接著還得辨識出我們所在之處的周邊環境是什麼，才能確定出方向。然後才能找出到達目的地的最佳路徑，以及另外有哪些其他可能的替代路線。

同樣的，我們想解決問題的話，要先找出自己面對的問題，是在生活地圖上的什麼位置，接著就要看這個問題跟周邊其他的元素，又是呈現什麼樣的關係。我們有這樣的「地圖」嗎？答案是有的！職能治療師最常用的地圖之一，就是「人—環境—職能」（Person-Environment-Occupation，PEO）理論。❷

❷ 嚴格來說，其實 PEO 並不是理論（theory），而是一種模式（model），但我相信你應該對這兩者的差別沒興趣。為了讓你可以更快看懂，不必糾結在認識一個新名詞，在本書中就統稱它是「理論」了。前面的「生活平衡理論」，也是如此。

從 PEO 看，才看得到全面

所謂 **PEO 理論**，是指用職能治療的理念來全面檢視，當一個人生活遇到困難時，到底是哪個環節出了問題，又有哪些地方可以借力使力，作為改變的突破點。

如果沒有像 PEO 這樣的工具或地圖，我們很容易就會落入像盲人摸象的困境，誤以為那隻像柱子般的粗腿，就是大象的全貌。畢竟，我們的生活品質所牽涉到的要素，可是比大象的外觀還要多更多。

到底什麼是 PEO 呢？簡單來說，我們把會影響到人類生活表現的各種因素，大致上分成三類，分別是：

1. 個人：包含一個人的身心靈各個層面。
2. 環境：在這個人以外的其他人、物、關係。

3. 職能／任務：生活中需要完成的各種大大小小任務，目的是要滿足前面提到的四大需求。

這裡的「環境」不是指環境保育、衛生安全這類的環境，而是指我們在進行生活中的任務時❸，當下所處的位置與情境。

這種分類方式，有點類似我們會將各種東西，區分成「人、事、物」三個層面一樣，但是定義上會再更精確、更完整一些。只要分別從這三個角度來思考，就可以幫助我們用更整體、更全面的觀點，來檢視自己目前的狀況。

❸ O是職能（occupation）的縮寫，雖然與「任務」在定義上有一些差異，但「任務」一詞大家應該比較容易理解，因此後面會繼續使用「任務」來說明 PEO 當中 O的部分。

PEO 契合度越高，生活品質越好

這三個分類之間的關係，用圖來表示會比較清楚（如下頁圖）。我們可以想像這三個分類，就像三個圓圈交疊在一起，而當中重疊的部分叫做「職能表現」，代表的是「一個人在面對自己生活中各種大大小小的任務時，能否順利執行的程度」。如果重疊的範圍越大，代表生活得越順利，當然生活品質也就跟著好了。

不過，因為 PEO 這三個圓圈，是會彼此交互作用，也會互相影響的，而且還會隨著時間地點的不同，跟著變大變小，或是改變彼此之間的距離。因此職能表現的範圍大小，在我們的一生中會有動態的變化，而不是一成不變的。

通常，職能治療師會透過這些要素，去全盤了解一個人的狀況。因為這些要素之間的契合度越高，人的生活品質就會越好。因此，我們會一路順著後面的清單，請你將自己的現況寫下來，再來從中檢視可以怎麼做調整。

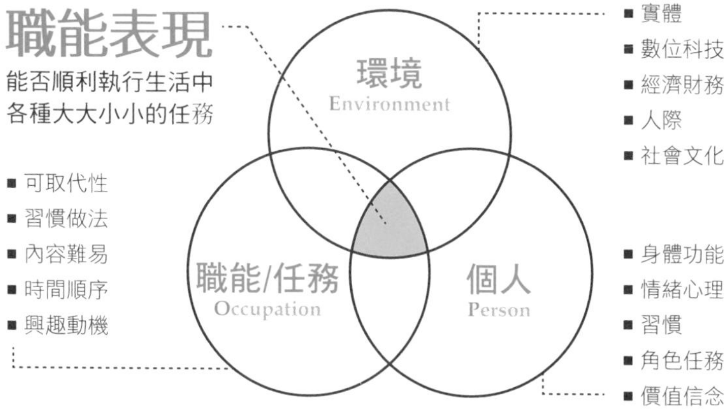

▲ PEO 關係圖

參考資料：

Brown, C. E. (2019). Ecological Models in Occupational Therapy. In B. Schell, G. Gillen, M. Scaffa, & E. Cohn (Eds.), *Willard and Spackman's Occupational Therapy* (13th ed., pp.622-632). Wolters Kluwer.

<table>
<tr><td rowspan="5">P
個人</td><td>身體
功能</td><td>身體
・有什麼長期的身體病痛？
・體力、耐力、肢體靈活度如何？
認知功能
・處理問題的能力如何？
・平時能不能保持專注？
・會不會容易忘東忘西？</td></tr>
<tr><td>情緒
心理</td><td>情緒表達、處理
・情緒是否容易低落？什麼情況容易低落？
・情緒低落之後要多久才會回復？
面對挫折
・遇到挫折時有何反應？是否會堅持下去？
社交能力
・與人社交互動後，會覺得精神飽滿，還是精疲力竭？</td></tr>
<tr><td>習慣</td><td>・自己到了某些地方後，會下意識地做哪些行動？
・有哪些事情是已經做得很上手，不需多想就可自動完成？
・面對想處理的問題時，自己會有什麼習慣的行動、習慣的應對模式？</td></tr>
<tr><td>角色
任務</td><td>角色身分
・現在的身分有哪些責任？遇到什麼困難？
・想處理的問題會牽涉到自己的哪些角色？
角色期待
・這個角色的期待與認同是怎麼來的？
・哪些角色的期待與認同，其實是可以調整的？</td></tr>
<tr><td>價值
信念</td><td>價值觀、信念
・面對這個問題時，什麼想法、過去經歷、自我對話會重複出現？
責任
・自己在當中有什麼責任是「應該」要做到的？
・如果不處理會怎麼樣？能不能暫時不管？會有罪惡感嗎？</td></tr>
</table>

E 環境	實體	**身處的空間場所** ・平時生活會身處哪些空間場所？ ・通常會在哪些地方執行生活任務？ ・通常會在哪些地方面對想要處理的問題？ **身邊的東西** ・在執行生活任務時，有哪些常用的東西？ ・想要處理的問題，會牽涉到哪些東西？
	數位 科技	**網路** ・網路上會有這個問題的解法嗎？ **社群媒體** ・常用的社群媒體有哪些？ ・這個問題會跟社群媒體有關係嗎？ ・社群媒體能協助我們處理這個問題嗎？ **軟體、APP** ・有什麼軟體、APP可幫忙解決問題嗎？
	經濟 財務	**財務狀況** ・目前的財務狀況如何？ ・收入與支出為何？ ・想處理的問題跟財務狀況有關嗎？ ・花錢會有助於處理這個問題嗎?
	人際	**會接觸到的人** ・這個問題跟家人、親友、同事有關嗎？ ・有家人、親友、同事可以幫忙處理這個問題嗎？ **與這些人的關係** ・跟他們的關係好嗎？會給我支持與協助嗎？ ・他們會期待我有什麼樣的表現、怎麼處理這個問題嗎？
	社會 文化	**政府政策** ・有相關的補助嗎？ ・有什麼相關資源可以使用？

O 任務	可取代性	・這項任務對自己而言有什麼意義？ ・有其他替代方案嗎？ ・能不能與自己有興趣的事物結合？ ・哪些任務可以合併節省時間？ ・哪些任務需要特別獨立去執行？
	習慣做法	・哪些任務自己很上手了？ ・其他人是怎麼進行的？ ・當中有沒有什麼步驟可以省略？有沒有什麼事項只要調整一下，就可能省事許多？
	內容難易	・這件事本身會很難完成嗎？ ・這件事本質上是有機會辦得到的嗎？有其他人可以做得到嗎？ ・有需要加強的技能嗎?
	時間順序	・執行這項務的時間長度、頻率為何？ ・要面對這個問題的時間長度、頻率為何？ ・時間、順序上真的不能更動嗎？可以做什麼調整？
	興趣動機	・自己對什麼事情比較有興趣，容易一做就停不下來？ ・以前有做或有興趣，但現在沒在做的事情有哪些？ ・這個任務可以滿足什麼基本需求？ ・有沒有可能滿足其他基本需求？

用 PEO 整理你的人生狀態

看到這裡，不知道你會不會覺得，這些項目都是我生活中的一部分，那我早就知道了啊，為什麼需要 PEO 來幫忙？

讓我來打個比方。在出國旅遊時，你會怎麼確認自己的行李都有帶齊呢？

你當然可以自己從頭想過一遍，但除非你是很有經驗的旅遊達人，不然通常很容易在抵達目的地之後，才發現漏東漏西的。還有另外一種方式，就是上網去找旅遊清單懶人包。有這個懶人包的幫助，就可以讓你事先確認好，到底有沒有漏掉什麼東西。當然，這個懶人包不一定完全符合你的情況，你需要自己做一些調整。但就算是這樣，它還是可以幫你省下很多時間。

為什麼會需要像這樣的清單呢？因為我們的短期記憶力，其實一次只能記住「七加減二」個項目而已。如果你還要同時用上工作記憶[4]，對這些項目進行思考的話，能處理的數量還會更少。

記得以前曾看過一個街頭藝人的搞笑表演，他從箱子裡拿出三顆沙包，結果有一顆掉到地上了。唉呀，要趕快撿起來！於是就把左手的沙包向後一拋，撿起地上的沙包。咦？怎麼還是只有兩顆？唉呀，要趕快撿起來！於是又把右手的沙包往旁邊一丟，再去撿那顆之前在左手的沙包。雖然這表演看起來很荒謬，然而這正是我們短期記憶、工作記憶的運作方式。

而這就是 **PEO** 對於我們的意義。它可以幫助你用更有系統的方式，把自己的人生狀態整理出來。本來我們都只能粗淺地觀看自己，像一個只能用肉眼診斷病人問題的古代醫師，而現在卻有了一張張電腦斷層的掃描相片，可以一字排開放在燈箱上，在來回比對的過程中，問題在哪裡就一目了然了。

❹ 一般來說，記憶可以分為「長期記憶」與「短期記憶」。而英國神經心理學家巴德利（Alan Baddeley）又進一步將短期記憶分出「工作記憶」。「長期記憶」：能維持幾天甚至幾年的記憶，能記得的量也相對大很多。「短期記憶」：維持時間只有幾秒到幾小時，能記的量也不多。「工作記憶」：維持時間跟短期記憶差不多，指的是不只要記得，還得把記得的東西再進行一些計算、推理、思考處理。

什麼情況下，我們的生活會出問題？

既然這三個圓圈是會動態改變的，那就表示它們三個之間重疊的部分，也就是我們的生活整體表現能力，也會跟著變大變小。

應該很容易想像，重合的部分越多，就代表一個人的生活品質越好。一般來說我們生活努力的方向，就是要讓中間重疊的部分能夠最大化。

可是，生活中總是會有一些阻礙，或是自己能力不足的部分，使其中一到兩個圓圈無法有足夠的大小。這時候可以怎麼辦呢？

通常，大家的第一直覺都會想：「我的圓圈太小了，那當然要把圓圈做大一點啊！」就像在小美的例

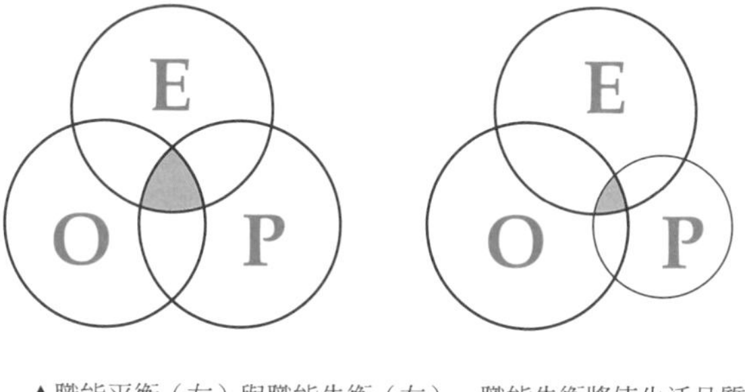

▲職能平衡（左）與職能失衡（右）。職能失衡將使生活品質下降

子裡，她意識到自己的料理能力不夠，就代表應該要去上些課，進修一下自己的料理能力嗎？但我想你應該也立刻就明白，這絕對不是唯一的解法。

既然在 PEO 的觀念裡，三個圓圈之間其實是動態的關係，彼此互相影響、彼此互相幫忙。在這個概念之下，我們不一定只能努力把太小的圓圈加大，也可以透過調整另外兩個圓圈，來彼此進行搭配。因此，當中就有很多操作與選擇的空間了。

治標不治本，是現實生活中的必要之惡

這時候你可能會說，那我當然是要優先把太小的圓圈加大啊！去調整其他兩個圓圈的做法，感覺不就是一種勉為其難的將就而已嗎？當然，把太小的圓圈加大，這是最理想的情況，可是你知道嗎？有時候現實就是不允許。

以職能治療的觀念來說，有時候「治標不治本」是必要之惡。因為在現實生活中，總是有很多問題不是我們現階段能解決的。像是很多臨床醫療上的決

定，雖然已經比以前進步，但有些病痛還真的是無法根治。與其苦等療法，不如想辦法讓現在活得更好。

截肢就是一個很好的例子。試想看看，假設你是職能治療師，在你眼前有個因為工殤意外，不幸有一腳被截斷的人，跟你說這隻腳對他而言非常重要，他一定要讓這隻腳長回來。這時你要怎麼辦？

1. 投身研究幹細胞療法，期待能順利找到斷肢長回的治療法？
2. 投身研究可再生的渦蟲，期待能將其再生能力應用在人類身上？

好啦，不開玩笑了。職能治療師會做第三個選擇：幫他設計一款合適的義肢，然後再訓練他使用。因為對職能治療師來說，要協助一個被截肢的病人，與其苦等幾十年後的再生療法發展成熟，到時再來長出新肢，還不如現在就先想辦法裝個合用的義肢，讓生活能回歸正軌。

不必完美，夠好就能好好生活

說到底，其實還是因為「能夠好好生活」才是我們最終的目的，也就是達成「生活平衡」的狀態。在截肢的例子中，擁有一副健康良好的肢體，其實只是「手段」而已，並不是好好生活的「目的」。相信你應該有在新聞上看過，有很多肢體殘缺的人，還是能發揮自己的能力，而獲得成就。

假設我們當下無法取得「健康良好的肢體」這個手段，職能治療還是會專注在最終的目的上：要先擁有健康、平衡的生活。但現在大部分的人其實都誤會了，都錯把手段當成目的，於是不斷試圖追逐某些特定的手段，最後卻發現徒勞無功。

在育兒生活當中，其實就有很多這種治標不治本的必要之惡。雖然我們在個人能力上，並不是一個「完美的父母」，但只要其他部分能有足夠的支持，在最終的表現上，我們還是可以將「夠好的父母」角色給扮演好。

就像我跟小美一樣都不太會料理，但現在有方便的外送平台，市售常溫、冷凍的副食品也有很多。在這些資源的幫助下，其實我們就可以把準備餐點的任務，執行得足夠好了。

要是「個人」的能力不夠，就透過調整「環境」跟「職能」兩個區塊來彌補。當然，如果願意繼續練習料理，當然也是可以的，可是現階段的問題是，我們今天就需要先吃飯。我們可以先把今天的當務之急解決掉，然後再來慢慢練習怎麼料理。等自己的料理能力有所提升之後，自然就可以減少叫外送的機會了。

PEO 幫助我們找到伸手可得的生活改善方案

說實話，PEO 並不是萬能的，不使用 PEO 也不會像沒錢一樣萬萬不能。這本書可能沒辦法給你最終極的解答，也沒辦法一次打從根本完全解決你所有的問題。

但是PEO可以幫助我們突破以往的盲點，就像戴上賭神的高科技特製隱形眼鏡，看懂影響我們表現能力的各種阻力和助力，從而發現在自己身邊，其實藏有非常多的解法。

而且，當中還有很多是所謂「低垂的果實」，是伸手可得的做法。雖然這些解法可能無法改變問題本身，但能在一定程度上改善你的生活。讓你在長遠的路途上，還能留有餘力，可以在未來有機會發展出更好的能力、長出足夠的力氣。將來面對同樣的問題時，就不再束手無策了。

那麼實務上，我們要怎麼應用PEO呢？

怎麼用 PEO 改善自己的生活？

我們的自身、我們的任務、我們的環境，都是生活的一部分，但它們也都不是全部。如果單純只考慮一部分的話，一定都會遇到盲點。

就像車子一樣，是由各種部件組成的。我們在車停止無法開動，或是儀表板亮起燈的時候，如果只考慮到沒油了，這確實是有可能的，但也可能是其他原因。有時候，甚至就只是單純忘記從P檔打進D檔，就這麼簡單而已。

當我們試圖要調整生活，卻沒有思考到其他家人的變數，很容易就會得出與其他人有所衝突的計畫；或者，如果沒有考量到身邊資源，就很容易誤以為自己孤立無援。

因此，如果想要改善自己的生活，就必須用上PEO，從整個生活系統的角度來考量。就像要讓時鐘走動，就必須把時鐘的所有零件一起掛上去才有用。

這種從整體去檢視生活的做法，就是PEO的強項。

三種改善路線

一般來說，透過PEO的邏輯，職能治療師會使用三種路線，來改善一個人的整體狀態，分別為：提升自身能力、新增環境支持、調整契合度。

1. 提升自身能力：針對「個人」的部分，就是將不足的能力訓練提升。但由於不是每次都有辦法進行，所以一般會優先選用另外兩種方法。
2. 新增環境支持：針對「環境」的部分，可以透過「增加」一些項目，來達成效果。可能是添購一些新的東西，或是引入一些外部資源。
3. 調整契合度：針對「環境」與「職能」的兩個

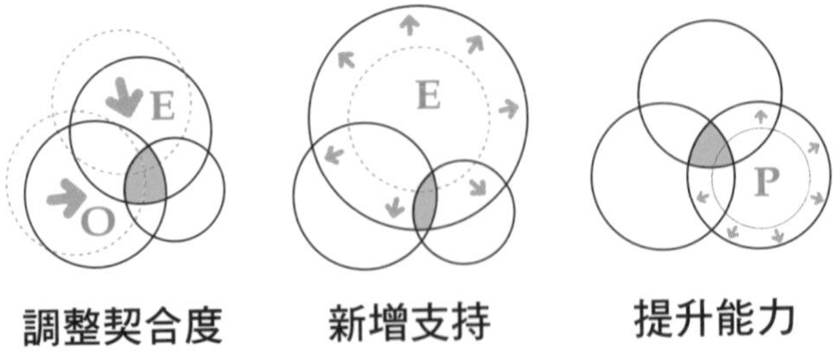

▲三種改善路線

部分來調整，微調這兩個部分的使用方式，來配合自身能力比較不足的部分。這個做法，有時候看起來好像什麼都沒做一樣，但也正因如此，是最容易實行的路線，只是可能需要一些創意。

做出改變的優先順序

前面已經先確認自己想要、需要去做的基本需求有哪些之後，我們就可以開始來一一思考要怎麼處理了。

在個人、任務、環境三者中，容易處理的順序分別是：環境、任務、個人，而其中環境的部分，是「調整」比「新增」簡單。

所以我們會用以下的優先順序，來一一檢視可以怎麼調整生活：

1. 調整環境使用方式：從環境中現有的資源、物件、人力下手，哪些現有的環境可以調整使用方式？

2. 增加環境項目：如果光是調整仍無法達成足夠的改變，那是否可以新增一些資源、物件、人力來輔助？可以新增哪些東西與外力來提供助力、減少阻力呢？

3. 調整任務執行方式：調整哪些任務的安排、時間順序，或調整哪些做事的習慣，可以更容易達成目標？

4. 提升個人狀態：最後才考慮如何訓練人的能力，檢視自己的哪些部分可以訓練？

對了，這裡所謂的「優先順序」不是絕對的。只是在理論上，依照這個順序來調整，通常會比較簡單。但其實在實務上你也可以跳著進行，從你覺得比較好上手、容易達成的部分開始，都是沒問題的。

理論的部分已經了解了，接下來，我們就直接用上 PEO，來一一檢視可以怎麼調整自己的生活吧。

基本需求／任務	
E 環境	**調整環境使用方式**
	・先從現有的資源、物件、人下手 ・哪些現有的環境可以調整使用方式
	增加環境項目
	・新增一些環境資源、物件來輔助 ・可以新增哪些東西、外力來提供助力、減少阻力
O 任務	**調整任務執行方式**
	・哪些任務可以調整執行方式 ・調整安排、時間順序、做事的習慣，以更容易達成目標
P 個人	**提升個人狀態**
	・自己的哪些部分可以訓練

4

如何自我修復和療癒

經過上一章的整理，基本上我們已對自身的狀態，有了一定程度的了解。那麼我們就可以開始計畫怎麼調整生活了。

在這一章，我們會用剛剛學會的表格，來列出改善的計畫。當你畫了幾張表後，你可能會發現有些做法會重複出現，那就是所謂「八二法則」中的重點二〇%！特別建議可以先從那裡切入，相信很快就會有效果。

身心健康：睡眠

在仲雞將近五歲時，我們終於結束看似永無止境的看房地獄，與漫長的裝潢，搬到新家了。住進來之後，除了一直有種不真實感，總覺得好像只是來暫住一下以外，就只剩下「累」而已。

這次搬家真的是很累！我在搬家前一晚，整理東西到幾乎沒時間睡覺。結果生理時鐘就打亂了，接下來的一個禮拜，整個人都恍恍惚惚、昏昏沉沉的。

而在搬完家後的那個禮拜，也還沒結束。因為我們當初為了環保，就跟搬家公司租借物流箱來打包。於是即使再怎麼累，還是得要想辦法趕快把東西都歸位，不然租借物流箱的期限就要超過了。但是一直都有一種收不完的感覺，這時候才深深體會到，真的是該好好學一下斷捨離了。

在這種情況之下，有時候脾氣就會變差。再加上自從搬家之後，仲雞都跟我們擠在同一張床上睡覺，睡眠品質又更差了。雖然有幫他預備一個房間，連床都買好了，但是他一開始還是不太敢自己睡。

在搬過去的前幾天，仲雞滿心期待地想試一下自己睡，但結果躺一躺又坐起來表示依然無法。因為仲雞之前睡的嬰兒床沒有帶過來，所以就只能全部擠在我們的床睡了。

這段時間以來，我晚上都會醒來好幾次。不是被仲雞的噴嚏聲給喚醒，只好起來給他蓋棉被；不然就是感到鬼壓床，醒來發現是仲雞的大頭壓在我的肚子上。每天早上起來，我都懷疑前一晚自己是不是去打摔角了。

甚至我還以為自己已經生了第二胎，半夜要起來夜奶。想當然地，睡眠品質就不是很好。

對睡眠品質本來就不太好的鬍鬚張而言，情況則又更嚴重了，除了上班時間以外都在恍恍惚惚。這段時間對仲雞也是非常沒有耐心，很容易就發脾氣。

另外，從仲雞的角度來看，進到一個新環境生活，多少需要適應，情緒應該也不是很穩定，所以他們就常常會為了一些小事發生爭執。

你睡飽了嗎？——你只是需要好好睡上一覺

「我覺得，你今天晚上就早一點去睡吧。」終於，我看不下去了，「今天就由我來處理仲雞。」

本來鬍鬚張還反駁說，東西再不收完，物流箱就來不及還給搬家公司了。但在冷靜想想後，他還是當天八點多就早早洗洗睡了。

隔天醒來後，鬍鬚張看著躺在一旁的仲雞，發現自己前一天的脾氣都不見了。

早上起來，仲雞一如往常拖拖拉拉。本來鬍鬚張會對仲雞生氣的那些點，那天也覺得沒什麼好氣的了，心情上變得平穩許多。可見睡眠狀況，真的對一個人的性格影響很大。

有時候，可能真的不是因為我們不想好好顧小孩，也不是無法實現我們理想中的教養理念，更不是失去了對孩子的愛。或許有時候，單純就只是因為自己真的是太累了。有可能，你只是需要好好睡上一覺，就又可以變回自己心目中想要成為的那個好爸媽了。

睡得不夠好，情緒不會好

現代人其實長期都有睡眠不足的問題，睡眠不足首先影響到的，不是身體健康，而是情緒健康。因為睡覺其實有整理大腦的功能，如果長時間睡眠不足的話，大腦中的廢物就沒辦法排除。這個概念就像是如果馬桶塞住了，短時間內我們還可以忍一忍。可是長期不管的話，總有一天會滿出來的。

這個大腦中的廢物叫作「澱粉樣蛋白」（amyloid），如果太長時間一直累積在大腦中、沒適時排除的話，會造成記憶功能損害、認知功能減退，甚至老了之後會造成阿茲海默症。

認知功能是一種可以幫助我們調適自己的重要能力。通常一個認知功能越好、思考能力越彈性的人，越有辦法處理生活中遇到的各種事情。

有研究發現，長期睡眠不足造成認知功能的下降程度，差不多就跟酒後開車一樣，所以睡眠不足很容易讓人的判斷能力失常，進而發生意外。想想看，在喝醉酒的狀態之下，真的有辦法好好照顧小孩嗎？

該睡不睡，都在滑手機？

當然，你應該也知道，理想上，晚上就是該要好好睡覺。可是就像常聽到的那句話：「當了爸媽才懂，我們熬的不是夜，熬的是自由。」

現代人有一個很弔詭的行為模式，就是當我們很累的時候，會更傾向去做一些雖然看似能讓自己放鬆，但其實反而會更累的事情。最常見的就是滑手機，包含逛網拍、追劇、看網路新聞、滑社群媒體、看漫畫、玩手遊、看廢片等。而且，如果平時已經睡眠不足了，就更容易卡在這個狀態中，無法自拔。這就是所謂的「報復性晚睡」。

新加坡有個調查發現，在做一項任務的過程中，失眠或睡眠中斷情況越嚴重的大學生，會更容易分心，花更多時間在網上閒逛。而這也常常發生在我們這些爸媽身上，回想看看是不是這樣呢？當越是被小孩搞到又累又晚睡時，我們反而越會讓自己更加晚睡！

回到前面那句讓人覺得說到心坎裡的「我們熬的不是夜，熬的是自由」。雖然這句話一開始很中聽，但我真的仔細想想後，才發覺其中暗藏滿滿的毒素。這句話會讓我們的潛意識覺得，就是為了自己好，我們才更應該延後睡眠時間，否則就是在浪費人生。

小美的例子

讓我們再回顧小美的例子（第62頁），你會發現小美在睡前還滑手機、看劇，這當然會影響到睡眠品質了。只會讓隔天的生活品質更低，到了晚上又更想報復性追劇，陷入一個惡性循環。

這確實是很難解的問題，我跟鬍鬚張也常常受這症頭困擾。但如果知道原則的話，還是可以多少做出一些改變的。

從最簡單有效的環境調整入手——亮度

跟睡眠有關的環境，除了睡覺的地點、寢具之外，最重要的應該就是「光線」了，因為光會直接影響我們的作息規律。這個機制簡單來說，是眼睛會接收光線，然後將訊息傳達到大腦，大腦的下視丘會判斷現在應該分泌多少調節睡眠的激素：褪黑激素。

褪黑激素在正常情況下，會在接近傍晚的時候，開始慢慢分泌越來越多。直到晚上要睡覺之前，會達到足夠多的濃度，讓我們開始想睡覺。等到快睡醒的時候，褪黑激素濃度會開始慢慢下降，讓我們越來越清醒。而幫助褪黑激素調控的機制，就是「光線」。正常情況下，這個激素的起伏，是隨著日光的照射量，來變多變少的。所以世界各地的人，才會有隨著日出日落而產生的生活作息。

然而隨著時代的進步，光線對睡眠的影響越來越明顯，我們現在最大的問題是，「白天光照不夠，晚上又照太多」。很多研究都指出，現代光照模式的改變，已經開始干擾到生活了，包含從睡眠、整體健康，到做事效率等層面，都已經開始出現各種不良的影響。

所以簡單來說，想要調整睡眠品質，首先要從兩個方向來改善：

1. 白天多照一點光。
2. 晚上少照一點光。

白天多照點日光

我們會在北歐的室內設計風格中，看到整體呈現出白白淨淨的感覺，同時也都會想辦法讓光線能盡量灑進屋內。為什麼會有這種風格呢？這跟他們缺乏日照有很大的關係。因為在接近北極圈的地方，在冬季會有非常長時間是照不太到陽光的。

我們的心情，很容易受到光線影響，特別是日光。這個結論已經有很多研究證實了。

只要不是在陽光最強、容易曬傷的時段，盡量每天讓陽光照個十五分鐘左右，就可以讓身體獲得足夠的血清素、腦內啡、多巴胺等物質，幫助我們維持好心情。

所以，如果因為工作、育兒搞到自己身心疲累時，出門去曬個太陽，會讓自己的狀態好一些。如果真的沒辦法出去，至少要走到窗邊，看看外頭，讓身體多少接收一點陽光。如果沒辦法一次照足十五分鐘，那就多去幾次。

畢竟，有好的作息、好的心情，育兒的路才能走得遠。

像鬍鬚張現在開車的時候，除非真的太陽太刺眼，或是我跟仲雞想小睡一下，不然他一定都開著天窗，讓光線從上面撒下來。不然我們都待在醫院，常常看不到外面的陽光，久了真的會影響心情。

那陰天怎麼辦呢？沒關係，即使陰天的日照，都還是比燈光更有效。

如果只能待在室內，也沒有辦法透過窗戶看到日光呢？這樣的話，就要有足夠的室內光線。根據研究，白天時室內的光源建議至少要有 250 流明（lux）以上❺，才不會影響到日夜作息。

睡覺的地方越暗越好

反過來，晚上的照度就要減少了。你可以隨著外面的天色，跟著慢慢調暗光線。

晚上睡前，盡量開黃光（3500k）的燈，少開自然光（4000k）或白光（6000k）的燈。黃光當中的藍光量是比較少的，除了幫助營造氣氛外，最主要就是能讓大腦更容易放鬆，更容易預備睡眠。這也就是為什麼那些想讓顧客

❺ 測試亮度最簡單的方法，就是利用手機的應用程式。雖然不是那麼準確，但方便使用。你可以搜尋「亮度計」或「Light Meter」，下載幾個應用程式來試用看看。

放鬆的餐廳，照明都會使用黃光的原因。我們家現在也是會在睡覺前，慢慢把燈切換成黃光，讓身體越來越想睡覺。

那亮度要怎麼抓呢？科學上的建議是，在睡前的三小時前，照度剩下 10 lux 左右。光看這個數字，應該很難知道到底是多暗。你可以想像，大概就是有點昏暗的黃光，雖然肉眼都還看得清楚，但手機如果不夠好的話，拍起照來的顆粒就會很明顯、畫面有點糊糊的程度。

雖然理想上是三小時，不過現實生活中要這麼早切換，應該有點困難。那麼可以至少留個半小時到一小時，將燈關暗一點。如果無法關到 10lux 這麼暗的話，那至少也要在 100lux 以下，褪黑激素才有辦法分泌出來。

等到要睡覺的時候，建議的照度就要剩 1lux，也就是幾乎要全暗。這種暗的程度，大概是眼睛即使在一段時間適應後，走起路來也得要小心，才不會踢到、踩到東西。如果用手機拍照的話，就是會整片黑到連輪廓都看不出來的程度。

有些家庭可能會考量半夜上廁所時，走道的安全照明，想要留個小燈。如果有安全照明的需求，也是留個 10lux 就好。

現在仲雞晚上睡覺都需要有小夜燈，我會等他睡著後偷偷關掉。小夜燈也會抓個角度，讓光源不會直射到頭的方向。如果需要小夜燈，建議選用可以調整方向的立燈，並裝上低於 100lux 的黃光燈泡。晚上時就轉向照地面，並且讓床的隔板擋住光源。

如果你沒有像翳翳張一樣那麼敏感的話，是也不用像他那樣，連冷氣的顯示燈都要貼起來。但是如果你的房間很不幸地，會被外面的路燈、看板燈照到的話，那最好還是要用不透光的窗簾遮著。因為這些燈的照度，基本上都是破表，一定會影響到睡眠品質的。

睡前減少使用手機

在我們小時候，都會被爸媽念：「不要那麼近看電視！眼睛會壞掉！」然而比起電視，其實手機對眼睛的影響更多。因為比起電視，手機離我們眼睛的距離，真的是超級近。

不用我多說，你應該知道手機是會發出藍光的，而藍光會影響到我們的睡眠規律。可能有人會說，那我就貼濾藍光貼片就好啦！但你知道嗎？目前市面上販售的濾藍光貼片，其實效果都非常有限。

自從有了手機後，眼睛在晚上就會一直照到藍光，褪黑激素的分泌就一路往後推延，結果變成越夜越清醒、越追劇越投入，到白天才開始想睡覺。不管是手機、平板、電視、電腦都一樣，只要使用了，就一定或多或少會影響到睡眠品質。

最後來整理一下，如果想讓自己晚上有更好的睡眠品質，就一定要優先從「光線」來處理。我們可以從幾個角度開始嘗試：

1. 白天的日照要足夠。
2. 晚上睡前使用低亮度的黃光。

3. 睡前一小時盡量不要使用3C設備。

話是這麼說，但睡覺前真的會有3C戒癮困難，該怎麼辦？

增加環境項目：睡前改聽 Podcast

如果已經用上癮的話，要突然中斷是很難的。因此可以試著**在3C使用習慣上，微調成比較不被藍光影響的方式**。例如我如果意識到手機盯太久了，但還是想用的話，就會改用一些不必盯著看的娛樂，例如 Podcast。

我之前就有意識到，如果晚上睡前看影片的話，確實很容易會影響到睡眠品質。像是容易做夢、醒來沒精神，或是在需要靜下來思考事情的時候，腦袋裡一直跑出很多雜念，也沒辦法集中精神。這就是所謂的「睡眠衛生」不佳。

這樣子下去不行。於是我嘗試了一些改變，少看一些影片，睡前改成聽 Podcast。

在試了一段時間之後，確實發現如果在前一天睡前減少看影片，當天的睡眠品質與隔天的精神都會變好一些，做事的效率也會提升。

躺在床上準備要入睡時，我會選一些自己喜歡的節目，並設定時來聽。鬍鬚張則是會選一些睡前引導放鬆的頻道來聽。

另外，聽 Podcast 還有一個好處，就是相對比較能把自己的雙手、視線都空出來，能夠邊聽邊做事，像是家裡的雜務，這樣一來就可以稍微節省一些時間。如果你不知道要選哪個，不如就來聽我們的節目《職能治療師媽媽ＯＴ莉莉練肖話》好了。

順道一提，如果真的一定要用眼睛來看的話，目前的３C設備中，大概就屬電子書閱讀器不會有藍光。因此用電子書閱讀器來看看書，也是一種不錯的方式。

調整任務執行方式

跟著小孩一起睡

在陪小孩睡覺時，我跟鬍鬚張多少都會不小心也跟著睡覺。如果試著要爬起來的話，很容易就會因為已經小睡片刻了，變得很有精神，反而更加晚睡。一開始我會覺得這樣很浪費晚上的時段，沒有時間將事情處理完。但漸漸地我發現到，如果跟著小孩一起睡著的話，我們早上會比較有精神跟效率，因而意外發現一種不錯的作息模式。但多少還是會覺得有點罪惡感，因為事情沒做就是沒做啊！

直到我們認識了林怡辰老師，嘗試她在《怡辰老師的高效時間管理課》提到的做法：晚上九點跟小孩一起睡，早上五點起來，精神飽滿地去做最重要的事情。從此開啟了我們家的「五點起床打卡計畫」。

當然，並不是每天都可以順利成功，我們也不強求每天都能成功執行。但只要有達成時，就會覺得那天特別充實。有了充實感，自然晚上就可以更心安理得地早點睡了。

只要前一天早睡，早起做事情的效率真的是無與倫比。平平都是自己一個人做事，晚上時段的效率，怎麼樣都比不過早上的時段。

完成該先做完的事情，就可以睡了

有些睡前一定要做的事情，可以試著安排早一點做。像我們就是一定要洗澡，才會比較好睡。那麼只要能早一點洗澡，自然就會更容易早睡了。陪睡的時候，也可以安心跟著睡著，而不是跟著小睡片刻後，然後又起來洗澡，這樣就會變得有精神，怎麼可能有辦法早睡？

你可以觀察一下，哪些事情是你覺得睡前一定要先完成的，那你就可以在提早完成之後，告訴自己「已經把這件事完成了，很棒！可以安心躺好了！」

這樣的做法，也等於告訴自己的大腦，今天已經把該做的事情完成了、已度過充實的一天，讓大腦安心。

安排自己喜歡的早上

鬍鬚張說他高中時，班上有個同學分享過一招，讓自己可以很早醒來的方式，我覺得還蠻有趣的。

當時正在準備大考，這位同學為了要讓自己能早起，就找了一個早上六點開播的動畫。每天早上他為了要看動畫，就會準時早上六點起來。把動畫看完後，再開開心心地出門。這樣就能確保自己不會遲到，也會比較有精神。

還有另一個同學，分享自己從不遲到的原因，是他有一天注意到，有位很正的上班族小姊姊，每天都會在通勤的途中路過他家門口。於是，他就會在家門口等待，等那位小姊姊走過去後，就跟著她一起出門，跟到小姊姊要搭公車的站牌後，他才心滿意足地繼續往前走向上學的路途。

雖然聽起來有點變態，但這對他而言，就是個能讓自己開心早起的理由。

總之，在早上安排一些能讓自己期待的事情，也是一種讓自己更願意早點睡的方式。我們在粉專上貼早起打卡文，也是為了讓我們自己得到自我效能感，增加早睡的動機。

提升個人狀態

聆聽自己身體的聲音

其實我們的身體，多少都會告知我們它的狀態如何，只是我們通常都缺乏觀察而已。

累了，就該休息。特別是我們的大腦，更是如此。

「怎麼可能？我的大腦就是我啊？」你可能會這樣問。

有時候，把我們的大腦當成其中一個器官來處理，或許會比較客觀、比較容易上手。現在我發覺自己身心很累了，或是時間已經太晚了的時候，就會跟自己的大腦講條件。

「沒關係，我現在只是要先躺躺看。」我會這樣告訴自己，「只是要了解自己實際上的疲勞狀態而已。只要躺個一分鐘就好，如果躺一躺後發現還很有精神，那就再起來做事就好。」

但如果一躺就睡著了呢？那就正好啊！讓自己可以好好休息一番。在我的經驗裡，每五次大概只有一次會再起來。原來，我的大腦已經累到這種程度了。

運動：拉筋放鬆

睡前的運動，建議以拉筋放鬆、伸展的瑜珈為主，千萬不要做到會讓自己喘、心跳加快的程度。

拉筋的方式有很多，你可以參考網路上的拉筋影片。重點是不用太勉強，不是一定要做出示範動作的樣子，而是有拉到正確的肌肉就好。如果硬要做到示範動作的幅度，很可能做出來的都是不良的代償動作❻，不只沒拉到正確的部位，而且還容易受傷。

特別是一開始要試著做運動時，千萬不要選太進階的項目。我自己會跟著「啾c物理治療師」YouTube頻道中，「睡前拉筋十分鐘」的影片來做，難度相當適中。你也可以找其他自己喜歡的影片，搜尋「睡前拉筋」就會有非常多選擇。

睡前放鬆：四七八呼吸法

「四七八呼吸法」是美國醫師威爾（Andrew Weil）所提出的放鬆呼吸法。執行這種呼吸的過程，可以讓我們在專注呼吸的同時，使身體、心智都漸漸進入一種放鬆的狀態，解除「戰或逃」的壓力反應。四七八呼吸法的步驟如下：

❻ 代償動作：簡單來說，就是當一個部位有狀況時，由另一個部位來取代原先的動作功能。當我們試圖要做一個動作，如果因為肌力不足、關節活動度或穩定性不夠、有生病或受傷、控制能力不好等原因，而讓原先用來執行這個動作的部位，無法正確做出動作時，就會用其他部位來代替完成。如果因此降低效率，甚至對身體造成傷害，那就是不良的代償動作。

1. 一開始先用嘴吐氣，輕輕地發出「呼」的聲音，將肺中的氣都吐出。
2. 鼻吸氣，心裡慢慢數四秒。
3. 憋氣，心裡慢慢數七秒。
4. 慢慢吐氣，心裡慢慢數八秒。

然後重複二到四的步驟。過程中注意兩個重點：

1. 先鼻吸後嘴吐。
2. 只要維持比例就好，不必追求秒數的準確度。如果硬要追求正確秒數，可能導致越呼吸越焦慮。

這個秒數僅供參考，重點是在於這三個動作之間的時間比例，只要分別用同樣的速度緩緩數到四、數到七、數到八就好。

一開始練習時，可能會有怪怪的感覺，這很正常。當你處在焦慮的狀態，或是在剛開始練習時，可能會很難憋氣較長的時間，此時可以先將時間整體縮短，將數到四、七、八的速度略加快；或是只要抓到這種呼吸法的關鍵即可：用比吸氣長一點的時間稍微憋氣，最後像吹蠟燭一樣慢慢吐氣。

建議一開始不要做超過四個循環。因為有些人可能會覺得有點不舒服，或是會覺得頭昏昏的，這都是很正常的反應。等習慣以後，再慢慢加到六個循環就好。

我現在躺在床上時，會做四到六次這種呼吸法，讓自己更容易進入睡眠狀態。另外，有時也會搭配「橫膈膜式呼吸法」進行練習，讓身體更加舒服。

如果你想要練習更進階的「橫膈膜式呼吸法」，達成更好的呼吸放鬆效率的話，可參考第152頁。

<table>
<tr><th colspan="2">基本需求／任務：睡眠</th></tr>
<tr><td rowspan="4">E
環境</td><td>調整環境使用方式</td></tr>
<tr><td>• 調整環境的亮度
　· 白天多照一點光
　· 晚上少照一點光</td></tr>
<tr><td>增加環境項目</td></tr>
<tr><td>• 睡前減少使用手機
• 睡前改聽Podcast
• 躺床時聽放鬆引導音訊頻道</td></tr>
<tr><td rowspan="2">O
任務</td><td>調整任務執行方式</td></tr>
<tr><td>• 跟著小孩一起睡
• 完成該先做完的事情，就可以睡了
• 安排喜歡的早晨時光</td></tr>
<tr><td rowspan="2">P
個人</td><td>提升個人狀態</td></tr>
<tr><td>• 聆聽自己身體的聲音
• 運動：拉筋放鬆
• 睡前放鬆：四七八呼吸法</td></tr>
</table>

身心健康：飲食

吃飽給你好心情

在吃飯的時候，你會先自己吃飯，還是先把小孩餵飽？

美國國家科學院期刊上，曾經發表過一篇有趣的研究。有學者統計了以色列一千多筆假釋庭判決結果，發現法官決定是否讓犯人提早假釋的判決，並不是依照他心中的正義，而是由他肚子裡的食物來決定的。

法官在一大早，最可能做出對犯人寬容的判決，接著寬容度會一路下降，從一開始六五％的機會，到了接近中午的午餐時間前，這個機率就降到接近零的地步。有趣的是，等吃了午餐後，這個寬容度又回到六五％了。然後又一路下降，直到吃下午茶為止，寬容度才又再度回到高點（如下頁圖）。

也就是說，犯人如果希望可以獲得假釋，最好祈求自己可以被安排在這三

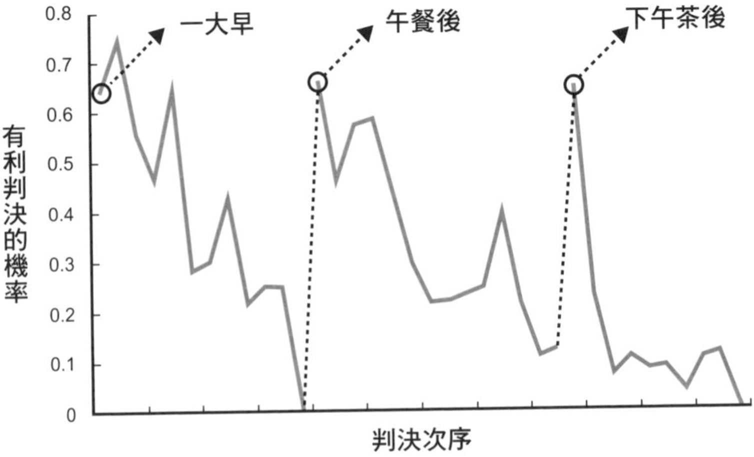

▲法官判決寬容度的變化

參考資料：

Danziger, S., Levav, J., & Avnaim-Pesso, L. (2011). Extraneous factors in judicial decisions. *Proceedings of the National Academy of Sciences,* 108(17), 6889-6892.

個最佳時間點，來讓法官裁判是否能被假釋。

你想想，連明知道自己的判決會被收進資料庫供人檢視的法官，都沒辦法逃脫這樣的困境，更何況是我們自己帶小孩的時候呢？

寫到這裡，我先去吃點東西了！補點血糖再來繼續寫。

小美的例子

以小美的例子來說（第62頁），就是因為在下班時已經處在血糖不足的狀態，還得要煮飯，才容易情緒不穩定。這時聽到先生與小孩對飯菜的評論，更容易覺得那是在對自己的人身攻擊。又看到小孩把餐桌弄得亂七八糟，當然整個火都上來了！

那麼，我們可以怎麼做呢？

調整環境使用方式：讓工具擁有新靈魂

很多新手父母家裡都會有月亮澡盆，因為它的設計可以讓新手父母更容易幫小嬰兒洗澡。但之前在我們家，月亮澡盆還有別的功用：用來餵副食品。什麼意思呢？因為以前的教科書都會告訴我們，應該要讓小孩可以自由探索進食的過程，可以的話就讓他自己手抓餐具或食物（但我都懷疑寫出這內容的人，是不是沒有自己清理過災後現場！）

於是我想到了一個變通方式，就是將月亮澡盆拿到餐桌旁，將當時不到一歲的仲雞放在裡面餵食。這麼一來，就可以放心讓仲雞手抓食物、弄得全身都是了。等他吃完，再將他整個連人帶盆抱進浴室沖乾淨就好。

有時候，其實只要發揮一點創意，就可以使現有的工具發揮出更大功效，讓自己節省更多心力。

增加環境項目

育兒神器：養生膠帶

那麼在小孩進了幼兒園後，還是要繼續練習吃飯，但月亮澡盆已坐不進去了，又該怎麼辦呢？此時可以利用養生膠帶。這是一種邊邊帶有膠帶的薄塑膠膜，在吃東西時、畫畫時，只要是會弄髒環境的時刻，都可以用上養生膠帶。

這東西的功能，就跟辦桌時會鋪在桌上的粉紅色塑膠膜一樣，好用又便宜，在各種五金百貨都買得到。

用上這神器後，就可以放心讓小孩弄髒，我們也能放寬心、安心地繼續吃飯，而不會打斷自己吃飯的節奏。

同時顧及自己的身心需求：來個飲料清單

在我們的 Line 社群中，除了有分享公園、團購、繪本等資訊以外，還有一個隱藏版的重要資訊：飲料清單！這是由兩千多位媽媽共同票選出，全台最好喝的手搖飲清單，裡面大家一起整理出了從北到南，各地的必喝飲品。想取得清單的話，歡迎加入我們的官方 Line。

當我們育兒育到火氣都起來了，或是情緒很低落，一個很有可能的原因是血糖太低，身體又過度缺水。這時候只要補上一杯飲料，問題就解決一半了。

雖然大家都會戲稱「婚前腦子進的水，是婚後流的淚」，但實際上大腦還真的大部分都是水！水分占大腦的七五%左右，會深深影響大腦的運作過程，因此大腦對於水分的波動會非常敏感。

美國神經科學博士威勒米爾（Kristen Willeumier）在《大腦逆齡指南》中告訴我們，只要身體缺水占體重的一%，我們的認知功能就會開始減弱，包含干擾記憶力、情緒能力、心智能量，以及專注力。而這些能力，也是幫助我們能順利處理各種生活事務的能力。

這樣的水量，其實也沒有很多。對一個七十公斤的人來說，一天只要少喝了兩個馬克杯的水量，就會造成這個狀態了！因此適時補充水分相當重要。

當然，我們也不能整天都喝手搖飲。如果覺得一直喝水會很膩的話，除了手搖飲之外，也可以準備一些「有味道的水」。例如在水中加一點檸檬或其他蔬果，或是蜂蜜、薄荷都可以。泡杯花草茶也是個不錯的選擇，有些花草茶具有舒壓、甚至有保護大腦的功能。

適時補充水分：買個大水瓶

我之前有買一個大水瓶，目標就是一天要把它給喝完。像這樣有明確的視覺提示，是個很棒的做法，到底已經喝了多少水，完全一目了然。買完之後，喝水量就有明顯增加。

還有個同事，他直接買一個上面有時間刻度表的水瓶，明確告訴自己在什麼時候應該要喝到什麼程度。像這樣幫自己的環境設定一個明確的提示，就可以適時引起自己的注意，更容易做出喝水的動作。

要是覺得很累的話，你有可能是身體缺水了。去補充一杯水吧！

調整任務執行的方式：先餵飽自己，再來餵小孩

有時候，將事情的先後順序調整一下，就會讓自己好過一些。

到底是自己要先吃，還是讓小孩先吃？這問題沒有絕對的答案，但我通常

的做法是：自己先吃一吃，再來處理小孩的部分。

為什麼要這麼做呢？

當然首先因為我自己就是個吃貨啦，要是肚子餓的話，情緒就會很差，心裡面開始各種千迴百轉：「老娘我本來不太煮飯的人，現在為了你小子在廚房忙半天，還特地去買了不便宜的魚肉，竟然還不吃！」

雖然事後想想，可以發覺自己在這之前已出現情緒不佳，但是在當下卻渾然不覺，以為自己仍然保持理智。甚至還以為自己的表情看起來很輕鬆，殊不知早已是夜叉相。而這正是因為自我覺察的程度還不夠，無法即時發現自己已經有狀況了，當然也就不會主動進行處理，只想著要處理眼前「製造問題的人」。如果前一天又睡不好，那情況就會更糟了。

在我們太餓、太累、太疲乏的時刻，情緒會比較容易起伏，結果就是失去思考彈性、無法客觀檢視現況。這是生物為了自保的本能，但在面對小孩的時候，卻不是一個很合適的狀態。

例如小孩不願意好好吃飯時，我們可能就沒辦法考量到，小孩或許是因為剛從公園回來，心情還處在很嗨的狀態，那當然吃不下。我們剛跑完百米時，不也是無法馬上吃飯嗎？

為了不要落入這種惡性循環，我後來就一定先把自己餵飽，再來處理小孩。

基本需求／任務：飲食	
E 環境	**調整環境使用方式**
	• 使用月亮澡盆餵食
	增加環境項目
	• 養生膠帶 • 飲料清單、準備有味道的水 • 買大水瓶
O 任務	**調整任務執行方式**
	• 先把自己餵飽，再來處理小孩
P 個人	**提升個人狀態**
	• 適時補充熱量、水分

身心健康：休息

你的大腦累了嗎？

當你工作到累了、顧小孩到身心俱疲的時候，會做些什麼事情呢？發呆？拿手機起來滑、打手遊、追劇？找人聊天？或是運動？

美國社會心理學家鮑邁斯特（Roy Baumeister）針對人的意志力，提出了「自我損耗理論」（ego depletion theory）。這個理論告訴我們，就算我們什麼都沒做，但只要每經歷過一次選擇、焦慮、花費心力的事件後，我們的心智能量就會被損耗掉一些。隨著這些能量被耗掉，我們的執行能力、意志力都會跟著下降。

然而，同一件事對於每個人的損耗程度，卻是不同的。因為這些事對每個人的主觀感受不同，就會使損耗的程度不同。面對一件事，如果我們越是覺得可以有掌控感、可以自主決定，或是覺得自己的努力是有收獲的，那麼這件事對心智能量的損耗就越少。

而照顧小孩是很花心力、掌控感又很低的任務，對於新手爸媽來說更是如此，所以容易造成心智損耗。這會導致判斷能力下降，在一些沒必要現在就做的事情上鑽牛角尖、不想放手，結果就變成越來越晚睡。然後為了要讓自己放鬆，就做一些自以為可以放鬆的活動，結果反而讓自己越無法好好休息，也越來越累，掉入惡性循環中。

這種「自以為有放鬆」的活動，其中之一就是玩手機。回答一開始的提問，這四種方式中，最不好的就是拿起手機來滑、打手遊、追劇。因為玩手機是一種需要花費注意力的休閒，並不會真正讓大腦休息。而找人聊天則不一定，這要看個人特質。你需要觀察一下，當你跟其他人聊天後，是會更有精神、可以專注，還是反而提前將精力用光了。

當大腦累了的時候，很容易陷入一種僵化的思考模式，這其實本來是大腦用來保護自己的機制。在一本行為經濟學著作《快思慢想》中，作者康納曼（Daniel Kahneman）將大腦的思考路線大致分成兩種：

1. 系統一：非常原始、直覺、速度快。但常常不受控，也比較沒有彈性，需要長時間練習才能調整。
2. 系統二：能夠仔細思考，想一些比較複雜的內容。但缺點是比較慢，而且運作的過程很耗費資源。一旦太累的時候，就會自動切回系統一。

並不是系統一不好，它也具備很重要的功能，特別是保護我們遠離危險，也節省大腦的資源。只是在現代社會中，它常常以我們不是很喜歡的方式表現出來，像是常常會過於鑽牛角尖，也就是所謂的「窄化效應」。

戰鬥機的飛行員，他們在高速飛行時，眼前所看到的畫面是非常窄小的，這個現象又被稱作「隧道視野」。如果大腦在很累的情況下，眼前能注意的事物也會變得非常狹窄，很容易就會異常專注在一些雞毛蒜皮的事情上。

如果我們好好休息一下，再回過頭來看，常常就會覺得之前的自己真是莫名其妙，到底當時是在堅持些什麼？

小美的例子

小美在工作的時候（第62頁），由於前天晚上睡眠不足，加上工作中又沒有適時休息，那當然工作效率不會好。在心情不好、感到疲累的時候，就習慣性抓起手機來滑或追劇，這反而更加重大腦的負擔，讓大腦沒有空閒可以休息，使自己漸漸陷入隱性的惡性循環之中。

讓我們來看看，該怎麼讓大腦休息吧！

調整環境使用方式

關掉手機 APP 通知

不知道你的手機裡面，現在裝有多少個 APP 呢？現在不管是什麼 APP，幾乎都會有「通知」的功能。我一開始都用預設的，結果就是各種手遊、餐飲類的 APP 一天到晚響不停。

而鬍鬚張是個很不喜歡被打擾的人，他的手機每次在下載新的 APP 時，幾乎都會設定將通知關掉。「平時玩手遊就已經花掉很多時間了，還讓它們整天叮叮叮地吵，這樣也太讓人分心了！」鬍鬚張說。

有一天，我突然發現手機怎麼最近好像安靜許多，才知道原來是鬍鬚張受不了天天被我的手機通知干擾，私下幫我關掉這些通知。關掉通知之後，生活不僅清淨許多，也更容易專注在重要的事情上了。

其實不只是手機，現代各式各樣的人事物，都會讓我們分心。像這樣天天都在分心，當然就很難專注了。而這種分心，也是讓生活不開心的原因之一。

既然現在的生活已離不開手機，那麼讓手機減少對我們專注的干擾，是有必要的。可以做的第一件事，就是將大部分非必要的 APP 通知，一一給關掉。

請人先幫忙 hold 一下

就算是全職顧小孩，也是需要休息一下的，因為這也是一種「工作」。就像不管你多熱愛你的工作，一定也需要休息、需要有下班的時間。

我們平時上班時，會有排休，或請同事代理的時刻。如果有人都不把工作分出去，要不是沒人可以代勞，就是覺得同事不夠給力，不放心交給他們。

我們有個朋友，請正在彈吉他的老公幫忙給小孩餵奶，結果一段時間回來之後，看到老公將小孩放在手臂上，奶瓶靠在琴頸上餵，看得她直翻白眼。但我卻覺得這樣很有創意啊！

放過自己吧！如果要請別人幫忙的話，只要不會危及性命安全，就請放手讓他們帶吧！

請人來幫忙，大概只有一個問題比較需要考慮，就是人際界線的掌握。這點將會在後面「人際關係」的部分說明。

當然，有些人家裡可能無後援可幫忙。此時如果有需要的話，其實偶爾花點錢請陪玩哥哥姊姊來幫忙，就能讓你的心智得以休息。甚至有時候，我們也會請 Netflix 跟 Disney+ 出來幫忙，只要不看太久，偶爾讓 3C 解禁一下也沒關係的。

選對正確的職能：休息

那麼在找到一個空檔時刻後，我們該怎麼休息呢？這時候大家最直覺的做法，就是抓起手機開始滑。但就像前面說的，你真正需要的其實是「休息」，而不是「休閒」。

休息跟休閒只有一字之差，有很多人搞不清楚其中的差別，常常會把休息與休閒搞混。以為自己正在休息，但其實正在花腦力與注意力進行休閒。

1. 休息：透過停下動作、放鬆心思、正念冥想、小睡片刻等方式，讓大腦可以減少能量消耗，甚至可以讓能量回復。
2. 休閒：透過主動或被動的方式，花費注意力去參與一些娛樂，讓大腦從中獲得自體產生的「類鴉片」（opioid）物質，因而得到快樂與滿足的感覺。

這兩者之間最大的差別在於，休息可以讓大腦放鬆、回復精力；休閒則是仍讓大腦花費精力去處理資訊，只是這些資訊會讓大腦覺得開心而已。

那麼要怎麼判斷，我們現在需要的是休息還是休閒呢？可以從以下幾點去做判斷：

1. 你是工作到很累，還是閒閒沒事幹？

如果是工作到很累，尤其工作內容是屬於相對勞心、消耗情緒的（像是育兒），那你需要的一定是休息。

2. 當你在進行休閒的時候，會不會覺得越來越煩？

例如打手遊到後來覺得很煩躁，完全不知道自己在幹嘛，好像只是為玩而玩？追劇到後來覺得很膩，但又不知道能幹嘛？如果是的話，那你需要的其實是休息。

3. 稍微閉上眼睛數到六十

眼睛會不會很痠？或者，是不是就進入恍神、神遊、想睡的狀態？又或者，會有一種很煩躁的感覺，讓你想趕快張開眼睛？如果是這樣，也代表你需要的其實是休息。

4. 小事也能惹火你？

明明只是雞毛蒜皮的小事，卻讓你感到厭煩或一肚子火，完全不想好言相向？那你也需要休息了。

大腦累了，就該休息。這很重要，所以再說一次，大腦累的時候，需要的不是休閒、不是娛樂，而是休息。我們的大腦不是只有在晚上睡前才會累，還記得前面講到的那篇研究嗎？

所以，我們需要學習「正念休息」。

下次在你放下手邊的任務，想要開始滑手機之前，試著先閉上眼睛休息一分鐘就好。對，一分鐘，數到六十就好。

要是一開始沒辦法忍受數到六十，就先從數到十開始，慢慢就會有辦法數到二十、三十以上了。或是做二到四次前面提到的「四七八呼吸法」，你會感受到比起直接滑手機，有更多的精力回復了。甚至說不定，最後有沒有滑到手機，好像也無所謂了。

增加環境項目：用合適的空間、工具來幫助休息

你可以找個沒人的房間、樓梯間，甚至是暫時躲進廁所也可以。不用花上太多時間，只要幾分鐘就好，就可以讓精神得到不少回復。

像鬍鬚張的話，因為對聲音很敏感，所以會戴上耳塞或是抗噪耳機，這樣休息的效果會更好。

這時候，你可以放一些讓自己放鬆的音樂，例如一些輕音樂、爵士樂、Bossa Nova、Lo-fi、古典樂，或是搜尋「Meditation Music」（冥想音樂）、「Relaxing Music」（放鬆音樂）。但是音樂風格並沒有規定只能用這幾種，如果重金屬音樂反而可以讓你的腦子進入放空狀態，那就選重金屬音樂吧！

如果是在家中的話，建議可以買個泡腳桶搭配使用。現在有很多可收納的軟式泡腳桶，如果再搭配合適的精油，或是買泡澡用的中藥包，效果會很好。我前陣子就買了一個可以泡到接近膝蓋的軟式泡腳桶，讓這個泡腳的行程，成

為讓自己回復精神的 Me Time。

橫膈膜式呼吸

接下來要讓放鬆的過程更進一步，可以先從正確的呼吸方式開始。《鬼滅之刃》流行起來後，讓大家突然開始討論各種全集中呼吸，其實這是有道理的。正確的呼吸方式，確實可以讓身體得到適當的休息、減少身體的痠痛。而這種呼吸方式，叫作「橫膈膜式呼吸」。

如果可以好好練習橫膈膜式呼吸的話，可以讓呼吸的效率大大提高，浪費掉的能量更少，並使我們更容易進入平靜、放鬆的狀態。讓我們一起來學習怎麼好好呼吸吧！

你可以用手摸三個地方，來確認自己的呼吸：

1. 胸口向斜上方起伏充氣，同時雙肩向後輕夾。
2. 胸側邊向兩邊起伏充氣，但又不會向前凸起。
3. 背中間向後及兩邊起伏充氣，這個起伏的動作會比較小一點。

最理想的狀態是，一次三個部位同時充氣、放鬆。但一開始要做到其實不容易，所以先一次注意一個部位就好，再慢慢讓這三個部位合在一起。

其實這種呼吸方式，是人類天生的呼吸法，只是因為生活型態的關係，讓我們都忘了該怎麼善用這些呼吸的肌肉。只要多練習幾次，很快就可以找回來了。

剛開始練習時，坐著可能會有點難以掌握這種感覺，你可以先以躺著、膝蓋微彎、兩腳掌平踩在地的姿勢，試個幾次。等抓到感覺後，再轉換成坐姿。

專注地放鬆、放鬆地專注：身體掃描

在試過前面的呼吸法後，如果有時間的話，你還可以再試試「身體掃描」。所謂身體掃描，簡單來說，是讓我們能有意識地去注意身體各個不同部位的感覺，透過一種客觀、不帶評價的角度，去觀察自己身體的狀態。在這過程中，我們會漸漸學會用更自我接納的方式來面對自己。

對於初學者來說，一開始就要自行靜坐幾分鐘，根本是不可能的任務。一定需要有一些輔助，像是音樂、有人引導你行動，才有辦法做到。

而且對於初學者來說，通常很難光看書面的文字就能自己做到，因此這裡就不細說要如何進行了。建議你可以上 YouTube 搜尋「身體掃描」，就能找到很多不錯的影片引導，請直接跟著做就好。

建議一開始不要選時間太長的，先找個十分鐘左右的來練習就好。尤其是如果你平時都習慣用非常理性的態度來思考、面對生活的話，可能一開始會有點困難，甚至也可能會有坐不住的煩燥感。但沒有關係，多練習幾次就會慢慢習慣的。等你習慣了以後，就可以試著找時間更長的引導來練習。

在之前的講座中、臨床上，鬍鬚張有好幾次帶著成員一起進行正念休息的經驗，大家做完之後的滿意度都非常好，非常建議你可以試試這種放鬆休息的方法。

改善自身的能力：少量多次的運動

運動也是一種讓大腦休息的過程。沒錯，就是因為累，才更要運動。運動完後，會覺得心神舒爽許多，也更好集中精神做事了。

值得注意的是，我們會覺得運動應該就是要多做才會有效，但其實不然，因為這樣很容易沒多久就放棄了。尤其對於平時沒在運動的人而言，比起一次強力的運動，還不如少量多次，才更容易養成習慣。在一開始的時候，「養成習慣」比達到運動效果還重要。

通常很多人開始運動、健身，都是想要達成某個目標，像是練出好身材、體力變好。但是，真的開始運動以後，又很快放棄。這是因為目標太遠大了，一開始不容易看到成果，就會打擊信心。而且如果前幾次練得太多，身體會疲累過頭。導致一想到要再運動，就覺得壓力山大。

因此，比起達成健身效果，更重要的是先養成習慣，先從一個伏地挺身、三秒鐘的棒式開始都可以。如果還願意繼續的話，再多做幾下、多撐個幾秒。這是《驚人習慣力：做一下就好！》的作者蓋斯（Stephen Guise）所提出的建議，讓我們在生活中可以更容易建立起好習慣。

另外請記得，一開始千萬不要讓自己太累，才有可能在短時間內繼續多做幾次，漸漸養成習慣。還有，盡量不要邊做邊看手機，才能專注在自己身體部位、肌肉的感覺。

如果覺得光運動太無聊，你也可以試試一個很好玩的互動式運動APP「Active Arcade」，讓你用運動的方式來玩遊戲。這個仲雞也覺得很有趣，我們在臨床上也會帶病人一起玩。

基本需求／任務：休息

E 環境	**調整環境使用方式** ・關掉手機APP通知 ・請人先幫忙hold一下 ・找到沒人的房間、廁所
	增加環境項目 ・請陪玩哥哥姊姊 ・用抗噪耳機 ・買泡腳桶 ・買精油
O 任務	**調整任務執行方式** ・安排讓自己放鬆的行程 ・觀察自己對放鬆行程的感受 ・Me Time
P 個人	**提升個人狀態** ・正確判斷自己的需求 ・學習正念休息：先放鬆再專注 ・運動：輕量 ・呼吸訓練：橫膈膜式呼吸

加強人際關係

最近幾年，阿德勒心理學開始大行其道。在阿德勒的觀念中，有個乍聽之下有點特別的說法：「所有的煩惱，都來自於人際關係。」雖然我個人不完全認同，但也必須承認，這句話講出了一定程度的事實。

腦科學中也有證據告訴我們，人際關係跟幸福感有很大的關係。因此，讓我們來了解一下，在各種人際關係中，有哪三點是我們必須要面對的：

1. 找到有助於加強互動的管道：不管是實體或是網路上，只要能幫助自己即可。
2. 清楚的人際界線：有清楚明確的界線，才能取得人際間的「安全感」。
3. 覺察自己採取的人際手段：有意識地覺察到自己當下的情緒，以及情緒怎麼影響自己採取哪些人際互動方式，再進一步學習怎麼使用更有幫助的互動方式。

實際的人際互動，對身心健康很重要

現在很多人都會戲稱自己是邊緣人，但說真的，要是還有人可以聽你說自己是邊緣人，那你有很高機率並不真的如此。反而很多新手父母，才是真正處於一種邊緣人的狀態。

本來就已經有點社交疏離了，再加上這幾年因為疫情的關係，很多人都只能長時間關在家裡，關到都快生病了。為了顧小孩、怕小孩染疫，就不太敢出門，讓情況變得更加嚴重。

太長時間沒有與人接觸、保持長期的社交隔離，會對人的健康造成影響，甚至增加死亡風險。有研究就發現，社交孤立、孤獨感和獨居，會增加二六%到三二%的死亡風險，所以這不是開玩笑的。

社群媒體有時越用越疏離

除了實際與人面對面互動之外，現代還有一種常見的情況，就是大家都會在社群媒體上進行互動。但是這個過程，其實很多時候並沒有辦法進行「真正」的互動。

已經有不少研究都在討論，如果只是滑社群媒體，或是只按讚或愛心，其實並不是真的在與人互動。按讚或愛心，只是在幫助演算法，讓它知道要推什麼內容給你看，讓你黏在上面更久的時間而已。到最後，你可能會覺得越來越厭煩，但同時又像吸毒一樣，完全離不開。等終於停下來後，可怕的空虛感又襲捲而來。

再加上，有時候看到那些精心規劃的貼文，會讓人越看越對自己失望。

合適的人際界線，讓彼此都能舒服地互動

人際界線可以讓我們在與他人互動時，不管在身體上或情緒上，能抓到一個讓彼此都舒服的距離。更進一步地，還可以將彼此的責任清楚劃分，讓我們更清楚知道，自己該承擔的責任到哪裡，而不會無限上綱。

它就像我們住家的那四面牆，將內外明確區隔開來，讓住在裡面的我們，可以保有安全感；但也不是完全隔絕，就像我們會在牆上裝道門一樣，還是可跟外界有聯繫。只是這道門是否要開啟，是由握有鑰匙的你來決定的。

「都是一家人，分那麼清楚幹嘛？」

每當決定要設好人際界線時，可能都會聽到這種聲音，但千萬不要被呼攏了。屈服於這種說法，就等於是聽到鄰居跟你說：「大家都是鄰居，分那麼清楚幹嘛？」於是你就打了五十把家裡的鑰匙，分發給街坊鄰居一樣。

如果鄰居不可以隨便侵門踏戶進到我們家，那為什麼別人對我們的要求、

踩了我們的界線時，我們就得全盤接受呢？

只會生氣？其實有更有效的互動方式

還有一種家庭人際關係中常見的問題，就是我們會忍不住對其他成員發脾氣。

雖然憤怒是一種瞬間發生的情緒，好像是不可控、無可避免的。但其實，阿德勒告訴我們，怒氣只是一種表達工具而已，是我們為了某些目的使用出來的手段。

在《被討厭的勇氣》中，有個讓我印象非常深刻的例子：有一對母女在吵架，正當吵得不可開交時，學校老師剛好打電話來了。媽媽一聽對方是老師，立刻切換成有禮貌的語氣，好好地談了五分鐘。等電話一掛上，臉色一變，繼續跟女兒吵起來。

因此，生氣並不是一種完全不可控的現象，容易生氣也不是個性問題，而是因為除了「生氣」以外，並不清楚還有什麼其他更合適的手段。在上面的例子中，這位媽媽就是希望透過「表達生氣」的方式，讓女兒屈服，可以依照自己想要的方式去做事。

仔細想想，那往往就是我們試圖想要傳達一些訊息給其他人的方式，尤其是傳達給我們的伴侶。

最常見的情況，大概就是隊友都不做家事或不顧小孩，這時候你可能就會發脾氣。但其實這個時候發的脾氣，只是一種工具，是一種用來表達出某些訊息、促使隊友做事的一種手段。

但是，真的只有這種工具可用嗎？

小美的例子

其實在小美的故事中（第62頁），每一段都是各種人際關係問題，皆需要進行調整。

另外，小美最一開始聽到別人的批評時，心裡第一個出現的可能是「失望」的原生情緒，然後才進一步出現「被否定」、「憤怒」、「傷心」等次級情緒感受（後面會有關於原生情緒與次級情緒的解釋）。

小美對先生和小孩發怒，或許在背後其實是期待他們可以認同自己的努力，希望他們可以表達「喜歡」自己煮的東西。但客觀來看，這應該不是最理想的做法。

那麼可以怎麼做呢？

找到支持環境：共學團、社團

不知道你有沒有注意過，如果跟朋友家一起出去玩，或是一起去某人家聚聚，雖然平均起來的小孩還是一樣多，但是顧起來的心力似乎輕鬆很多。

雖然數學課告訴我們，一個人採蘋果裝滿一個籃子，跟五個人採蘋果裝滿五個籃子，所花的時間是一樣的。但是一個人顧一個小孩，跟五個人顧五個小孩，所花費的心力程度卻完全不一樣。這也是以前大家庭時代，即使生許多小孩，仍能顧得來的其中一個原因。

1. 小孩會互相消耗體力。因為小孩自己玩起來都來不及了，哪裡有時間一直來找大人？我們去露營、住小木屋，都一定會找其他有小孩的朋友一起去，也是這個原因。
2. 大人可以輪流顧。當小孩玩在一起時，大人不必全時間都緊迫盯人，又不是在打三對三鬥牛。

3. 有時候，別人的小孩就是比較順眼。平時相看兩不厭，越看越討厭，偶爾換個「口味」，看別的小孩玩，比較不會看不順眼。

現在網路發達，很容易就可以找到不少爸媽社團、媽媽教室、地區團可以參加。參加這些支持性團體，可以讓你知道自己不是孤單一個人的！

在翁鬚張請育嬰假的期間，我們才知道，原來有一些朋友已經在參加台語共學團了。在那邊大人都很有默契地盡量使用全台語對話，小孩也自然而然漸漸轉為用台語對話。

共學團、社團的好處，就是大家都有相同的理念，你不需要為了執行一項跟別人不太一樣的行動，還得先跟其他人解釋一番。等解釋完了，也沒力繼續做了。參加這些團體，除了可以滿足我們的人際需求之外，同時還滿足了個人認同感的需求，知道自己是可以安心屬於這個群體的。

就算你住的地區沒有這些資源，加入網路上的社團、社群，也可以取得類似效果。這時候就不得不介紹，我們那超級強大的社群了。裡面的互動頻率相當高，從詢問各種生活困難的建議、到團購要買什麼，甚至小到今天想訂什麼飲料，都有許多人在同步討論。

不只是點讚，打造更豐富的人際互動體驗

還記得當年我跟鬍鬚張第一次開始使用臉書，是在我們準備國考的時候。當時我們在系館一人一台筆電，書讀累了，就打開臉書的開心農場，去偷對方的菜（天啊！這是洩露年齡的上古物件了）。

其他人是怎麼玩這個遊戲的，我是不知道。但之所以這款遊戲會讓我們這麼投入，並不是因為「偷菜」本身，而是在偷菜之後，會增加我們在現實生活中的互動。

如果我們在使用社群媒體時，單純只是滑過去或點讚、點愛心，久了一定會覺得很膩，長期下來並沒有辦法帶來人際關係的滿足感。試著主動一些，在貼文上與人互動，去回應別人的留言，或開個新話題吧！要是留了言卻沒人回應，可能讓你感到失落，但你也不用太在意。要知道，這不是你個人的問題，畢竟社群媒體本來就不是即時互動的平台，也常會受到各種演算法影響。因此比起在社群媒體上亂槍打鳥，還不如找個跟你合拍的社群來互動。這時不免俗地，又要再推薦一次我們前段提到的社群了。

當然，與他人的互動，能面對面效果會更好。但並不是每個時刻都有辦法找到人直接面對面。這時比起通電話，視訊的效果會更好。只要不是會讓自己壓力大的通話對象，可以的話就跟信任的人視訊一下吧，這會增加非語言的互動機會。

跟隊友建立單獨的相處時間

一般來說，跟你最有機會接觸到的人，很可能就是你的隊友，因此他會是很重要的人際關係來源。

雖然你們已經升格為爸爸媽媽，但是不要忘記，你們除了「爸媽」的職能角色以外，還有互愛的「伴侶」這個角色！留一些時間，兩人一起喝杯飲料、聊聊心裡的話，是非常重要的。

既然有小孩後，要去電影院變得比較困難，因此我們買了投影機，偶爾會在仲雞睡了以後，開部電影來一起看。這樣可以有一些討論的話題，也會更了解對方的價值觀。

另外，吵架是一定會發生的，重點在於吵架之後的處理。不管是跟隊友的吵架，或是跟小孩之間的不愉快，都需要適時和解。

和解的確很難，但很值得練習。

把握好人際界線，才能把自己的角色扮演好

前面有講到，可以請隊友跟其他人來幫忙，但這也牽涉到另一個議題：人際界線。

這點我還真不得不佩服我媽，在我哥結婚後沒多久，他就當著我大嫂在場的時刻，說出了這段至理名言：「我女兒就是女兒，我媳婦就是媳婦，不管我再怎麼疼愛這個媳婦，永遠都不會變成女兒。」

因為媳婦的成長背景、生活習慣，都不是在自己家裡養成的，那怎麼可能像自己的女兒一樣呢？由於養成的背景完全不同，既然不是女兒，那麼她的生活習慣如何，就不在自己的管教範圍內了。

反過來也是，跟自己的隊友結婚，那就是成為夫妻，而不是成為對方的再造父母。你們可以討論、可以協調、可以磨合出新的生活習慣，但沒有權利去「管教」對方的生活習慣。

我跟鬍鬚張之間的關係，是家裡的共同夥伴，地位是平等的。但是因為我們各自擅長的和在意的家務不太一樣，便會自然形成各自負責的事務。此外，可能因為是在醫院工作養成的習慣，我們溝通、交班的頻率很高。對於家庭事務、教養方式等，經常會討論、交換意見，並且確認實際的做法。

而在這之中，溝通的方式與界線的拿捏，就會在一次次的溝通當中，去調整到兩人都能接受的位置。

當然，寫起來簡單幾句話，好像很容易。但實際上，在過程中也是經歷了許許多多的「大小聲討論」還有磨合。

為什麼婆婆沒有將你當女兒一樣愛？因為她本來就不是你的媽媽啊！進一步思考，要是婆婆真的在媳婦身上多加了女兒的角色，那麼這個角色的背後，又隱藏了什麼期待呢？這可不是角色自助餐，只想拿好處，而不用負責任。

如果想要將人際之間的角色扮演好，就一定要先將人際界線掌握好。

那麼婆媳之間的關係，又該怎麼掌握呢？或許可以用「客戶」的角度來切入。在工作中，我們都有機會遇到爛客戶與好客戶。

很差的客戶爛歸爛，我們也不會跟他撕破臉，就佛系處理，保持該有的應對進退就好。而即使是關係再好的客戶，我們也不會對他有過度的期待。客戶發生了什麼事需要幫忙，我們能做到什麼程度，也是量力而為即可。

當年我們剛結婚時，因為鬍鬚張家裡是「男生宿舍」，而且都是沉默寡言那型的，所以我可以感受到婆婆對於家裡多了一個「女兒」，是充滿期待的。這點，其實鬍鬚張也是知道的。

「那個，我有件事可以請你幫忙嗎？」回婆家的某天晚上，鬍鬚張在房間內開口對我說。

「什麼？」

「你也知道，我家的互動就那個樣子。我可以請你當一下家裡的潤滑劑，幫忙一下家中的互動氣氛嗎？」

因為他是「請我幫忙」，而不是認定這就是我「應該完成的責任」，聽起來就舒服！而我也還有能力可以做到，所以我當然就會願意協助。

像這樣有明確的界線，人際關係才可能走得久。

暫時去另一個房間——換位效應

當我們情緒不好，或是與家人衝突的時候，相信你應該多少有聽過「離開現場」的做法。但這為什麼會有效呢？我們有時候明明記得要去做某件事，但走進另一個房間後，就會突然想不起來自己本來要做什麼事了。這個原理，叫做「換位效應」，因為我們只要通過一扇門，大腦就會自動將之前的記憶，進行整理與歸檔。

其實，很多時候情緒不好，排除前面提及的因素之外，很多就只是自己的大腦一時切換不過來。那麼，就先走去其他房間一下吧！用空間來幫助大腦處理情緒，就比較有辦法再度回來處理事情了。

改變信念：不要被過去的經驗綁住了

過去有一段時間，鬍鬚張在跟我們團隊一員Michelle溝通時，會一直卡住在一個進退不得的狀態。

因為Michelle是比較積極的人，而鬍鬚張是相對比較慢、考慮比較多的人。所以她常常會覺得鬍鬚張怎麼一直在原地踏步，總是糾結在一些小細節；相對的，鬍鬚張也覺得她一直在咄咄逼人。

後來有一段時間，他們甚至有一點陷入僵局。在討論經營的方向，正當Michelle講話時，鬍鬚張都不自覺進入愛聽不聽的狀態。其實鬍鬚張自己也覺得納悶，因為他明白Michelle在其中付出了相當可觀的努力，但就是無法面對Michelle嚴肅討論議題，特別是她希望我們能提起勁來做事的時候。

這問題困擾了我們很久。

後來在一次開會的時候，鬍鬚張突然開始述說，自己在過去一段時間的內心轉折過程。當下，我跟 Michelle 都很訝異，原來還有這回事？

「有一次，我突然意識到，這可能跟我過去的經驗非常有關係。其實，我的國中生活並不是那麼快樂。現在回想起來，當時的記憶都是灰撲撲的。細節我就不多描述了。」鬍鬚張接著說，「總之，我覺得有位老師常常在針對我，並用社會性羞辱的方式做公開處刑。最可怕的是，他還不斷強調這麼做是為了學生好。」

而當 Michelle 對我們用比較積極、推進的姿態，甚至有時候用一些比較直白、嚴厲的語氣來說明我們現在的情況時，鬍鬚張就不自覺把她跟那位老師重疊了起來。

幸好，因為多少學過心理學知識，鬍鬚張也認同阿德勒的理念：「過去的經驗，其實是不能綁住現在的我們的。我們都是可以改變的，也可以自由選擇要怎樣去解讀這些過去的經驗。」

「意識到這件事情之後，我終於恍然大悟，原來是這麼一回事。現在最重要的事情是要思考如何做調整。」鬍鬚張說，既然我們是可以不被過去經驗綁住的，首要之務就是要將這兩個經驗分離。

「我多次在內心這樣告訴自己：『那位老師是那位老師，Michelle 是 Michelle，他們兩個是完全不同的人。』今天我要怎麼樣去面對 Michelle，這是我自己可以選擇的。」

在這次會議之後，事情非常神奇地都解決了，這個心結就這樣解開了！

必須老實說，雖然阿德勒的理念認為，我們可以不被過去的經驗左右。可是我覺得，實際上的情況是，正因為會被過去的經驗綁住，所以阿德勒才會這麼強調。現實情況是，我們如果沒有經過訓練，或是經歷過練習自我覺察的過程，我們就一定會被綁住。這個是沒有辦法否認的事實。但是，我們終究還是可以調整過來的，並且獲得一個新的、更好的生活。

透過自我覺察，將這個狀態調整過來，我們就可以把人際關係連結這個輪胎的破洞，給它補上去。

你可以在內心告訴自己：「當時的經驗是當時的事，現在眼前這個人是現在的事，這兩個是完全不同的。今天我要怎麼樣去面對這個人，是我自己可以選擇的。」

覺察自己的情緒階段，了解自己的真實感受

坊間對於情緒的說法，好像總是互相矛盾。一下說要接納自己的情緒，一下又說要調適掌控情緒，讓人覺得混亂。

其實這是因為，我們的情緒是分兩階段的。

通常當我們遇到讓自己不喜歡的事物時，首先會出現的是「原生情緒」，這通常是保護生命安全的本能反應。然後會再衍生出「次級情緒」，這部分才是造成我們困擾的原因。

因為很多時候次級情緒的出現，對於理解自己的真實感受、適切地表達，

還有問題的解決上，都沒有實質的幫助，反而還會有一些破壞性的後果。

例如當我們開車時，有台車突然從左後方來個近距離超車，外加一個鬼之切入，這時我們第一瞬間產生出來的情緒，是怕會發生車禍的「恐懼」，這就是「原生情緒」。

基於對方是個危險駕駛，此時最合理的做法，應該是握好方向盤、離他遠一點。但接下來，卻有不少人會因為憤怒而罵髒話或按喇叭，甚至採取更危險的行動，試圖要超車回來。這時候產生的「憤怒」就是「次級情緒」，反而沒辦法讓我們遠離那台危險駕駛的車。

像前面母女吵架時接電話的例子，媽媽的怒氣也是一種次級情緒，所以在接電話的前後，才有辦法如此迅速地切換。女兒不依照自己意思行動的「失控感」，才是真正的原生情緒。

這兩種情緒通常是不太一樣的，我們要學習接納自己的原生情緒，也需要學習調適掌控次級情緒。更重要的，是要學會區分這兩者的不同。

那我們該怎麼做呢？

在情緒的當下，你可以先做兩、三次深呼吸，將呼吸的速度放慢一點。在這過程中，會讓大腦比較容易回到能好好思考的狀態，這時才有辦法進一步反問自己：

「剛才遇到這件事情後，我第一時間的真實感受是什麼呢？」

可能是被拒絕或被否定的失落感、可能是面對不可掌控的失控感、可能是傷心難過，也可能是恐懼、內疚、嫉妒、尷尬……。在意識到自己的原生情緒之後，就可以對自己說：

「我原本以為自己的情緒是XX，但原來背後真正的情緒是○○。原來如此，這樣我理解了。」

經過這個歷程，將自己的原生、次級情緒都標籤出來後，我們就能比較接納、也能適切表達原生情緒，同時也消化、調適次級情緒了。

覺察自己的失控感，更健康地表達情緒

當我們無法調適生活中遇到的變化時，心中就會產生「失控感」，然後用情緒反應來表達出來。

什麼是「失控感」呢？就是當我們發現，身邊的人事物無法照著自己想要的方向發生，又對此無能為力時，就會感覺到失控感。而每當我們試圖要控制住那些無法控制的事物時，就更容易出現失控感，因此進一步產生不良的次級情緒。

而「憤怒」是一種試圖要「找回控制感的手段」，用來讓其他人屈服、順從自己的要求。我們透過憤怒的方式，來尋求一定程度的控制感。

相信你應該多少有經歷過，只是在過程中不一定有意識到，其實自己正面對著失控感。

上班快遲到了，就會對擋在前面的車發脾氣、按喇叭；但如果不趕時間，

即使慢慢跟在後面也沒關係。這是因為在趕時間時，前面那台車就會讓你的車程變得不可控了。

當你時間都算好了，結果小孩在出門前一刻突然拉屎在褲子上，這會讓你很崩潰。因為他讓你的行程變得不可控了。

在這種失控感的情況下，不管你對小孩再怎麼責罵、再怎麼試圖壓抑自己的情緒，都沒辦法解決問題。因為這樣反而會產生更多壓力，結果就是這份壓力會在我們生活的另一處，又製造出新的問題來擾亂我們的生活。

除非能找回掌控感，才能讓情緒回歸穩定。

首先，我們要先認同，這種想要穩定、想要掌控的原生情緒，其實是很真實，也很正常的。然後，我們才能在人際當中，不被次級情緒綁架，找到健康取回掌控感的方案。

對職能治療來說，取回掌控感的其中一個重要方式，就是實際參與生活任務，在參與的過程中取得效能感與掌控感。

基本需求／任務：人際關係	
E 環境	**調整環境使用方式**
	・暫時先去另一個房間 ・將公婆視為客戶 ・即時和解：與隊友與小孩
	增加環境項目
	・與隊友建立單獨時間 ・共學團、社團
O 任務	**調整任務執行方式**
	・改變社群媒體的使用方式
P 個人	**提升個人狀態**
	・不要被過去的經驗綁住 ・掌握好人際界線 ・覺察自己的正確情緒

能夠全心參與生活，感受更多心流

我們的生活，好像常常在兩種狀態之間擺盪：要不是因為太過平淡而感到無聊，不然就是因為壓力過大而感到焦慮。

又或者，好像總覺得事事不順心，都無法照著自己的期望進行。其實，這些都是我們無法「全心參與」生活的表現。

當能全心投入、參與在當下的事情時，我們就更能專注在當下，不用擔心後果，也不會分心，自然也就更容易取得正向經驗，從中取得自我效能感。

所謂的自我效能感，是指當我們在面對一件事時，自己覺得是否有能力可以完成的自信程度。當自我效能感高時，會覺得自己可以掌控好生活，就會比較願意面對挑戰；而當自我效能感低時，會覺得生活是不可控的，自然就不願意面對挑戰了。

有了掌控感後，因為從中獲得更穩定的情緒，未來就會更願意參與生活了。

從此，進入一個正向的循環之中。

當這種循環不斷進行，最後就會進到「心流體驗」中。

「心流」是美國心理學家契克森米哈伊（Mihaly Csikszentmihalyi）提出的觀念，指的是當一個人完全投入、專注在目前執行的任務中時，心智狀態會變得不再注意到時間的流逝、不再注意到其他的人事物，甚至進到一種忘我、享受當下的境界。等回過神來時，才發現已經進行這項任務好一段時間了，並且會有一種深深的

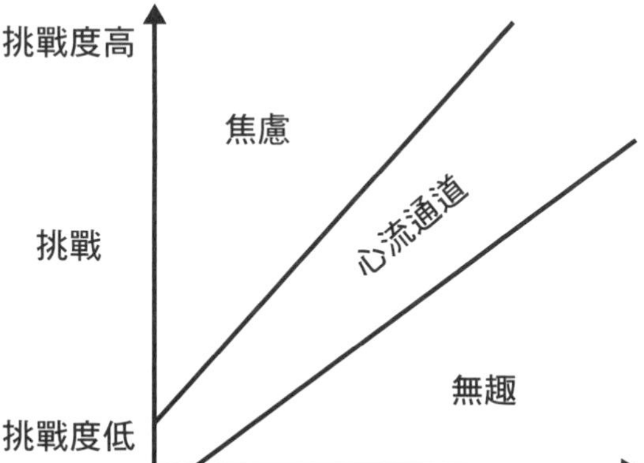

▲心流狀態

參考資料：

Schell, J. (2019). *The Art of Game Design: A Book of Lended* (3rd ed.). CRC Press.

滿足感。

這種情況，有點類似我們平常說的「快樂的時間總是過得特別快」。但是在真正進入心流狀態時，你甚至都不一定會感覺到快樂，因為你會專心到連「意識到快樂」都忘了。

這聽起來很不錯吧？要怎麼達到這種境界呢？

從環境和任務調整生活，產生心流

根據契克森米哈伊的研究，產生心流需要滿足三個條件：

1. 明確的目標：完全找不到任何目標，是一種很糟的體驗，因為我們會不知道該做出什麼行動。而當我們有明確的目標時，就會更主動採取行動了。

2. 即時的回饋：當我們在做出一個行動之後，如果可以馬上知道自己做得如何，就會更容易往想要的方向前進。這個部分跟目標是併肩而行的，如果沒有明確的目標，就無法知道自己的行動是否正確。

3. 適當的難度：難度要跟能力配合，因此難度也跟目標有關。如果難度過高，表示目標的設定上要再拆解，直到拆成自己能掌控、能更快給自己回饋的小目標。

只有當我們面臨的挑戰，跟我們的能力相符的時候，才有機會進入到心流狀態。如果任務太難，面對挑戰時就會很焦慮；相反的，如果任務太簡單，面對挑戰時就會很無趣。

雖然理想上，擁有越高的能力，並遇到高挑戰，會更容易進到心流狀態，但重點還是在於能力跟挑戰之間的搭配。

俗話說「失敗為成功之母」，但事實是「成功為成功之母」。每一個成功，都是立基在之前有過成功的經驗上，因此更願意嘗試、堅持，之後就又更容易再次取得成功。

當我們在決定自己是否要參與某項任務時，都會先參考自己過去的經驗，也會參考自己能否順利完成的判斷。

根據心流的圖，當然是同時提高能力跟挑戰，是最理想的做法。然而，能力提高並不是那麼容易的，因此我們先從挑戰度低的位置開始，從「增加助力」與「讓事情更容易達成」這兩個目標去著手。就像前面一直在講的，我們可以透過兩個部分來做調整：

1. 調整環境：讓環境中有更多提示、更多助力，阻力自然就會變少。
2. 調整任務：將任務切分到越簡單越好的小元素，讓自己更容易取得第一步成功。

覺得無能為力？一次一點就好，切成剛剛好的目標難度

想要進入心流狀態，難度要剛好。但具體來說，這個「剛好」是多少呢？契克森米哈伊認為，難度大概要抓在目前能力的一〇%左右。就像是在考題設計上，每九題容易的題目，就要配上一題挑戰題。

但現在已經有學者做出更精確的研究了。根據美國心理學家威爾森（Robert C. Wilson）等人的研究發現，最能讓我們感受到投入感的比例，是一五・八七%。也就是說，只要有八五%左右的熟悉感，再加上一五%的新鮮感，會最容易進入心流狀態。

舉例來說，如果一本書從頭到尾寫的都是你知道的事，那麼你讀到後來就會覺得無聊；但如果從頭到尾你都看不懂，那麼你就會想早早放棄。如果一本書大部分是你熟悉的事物，但其中有一五%讓你覺得有學到新東西，那麼你就會看得津津有味。

但並不是每件事，都會有這麼剛好的比例。這時候，就要靠我們自己技巧性地進行切割了。道理是這樣，那麼實際上要怎麼做呢？

以前有位學生問我，某某病人嘴上一直說想工作，可是實際上都不行動起來，要怎麼辦？

「那你覺得，」我反問他，「如果他想要工作，要做到哪些事情，才會有工作？」

「嗯……應該是要先找到工作吧。」學生回答。

「那麼，要做到什麼事，才能找得到工作呢？」我繼續反問。

「要去找工作？」

「那在找工作之前，得要做什麼，才有辦法去找工作呢？」我又進一步追問。

「要先上求職網？」

「那要怎麼樣才能上求職網呢？」

「呃……該不會是要打開電腦？」學生一臉狐疑，好像很擔心自己講出很蠢的答案。

「那你覺得，打開電腦對這個病人來說，會很困難嗎？」

「好像不會，他應該可以做到吧？」

「那麼，這就是他現在最該先去做的事情，也就是你的首要目標。」

是的，若要將任務的難度切割，就是像這樣一路向前推想。面對一項提不起勁的任務時，你可以一再反問自己：

「如果要完成這個任務的話，在此之前，得先做到什麼事呢？」

每當得到一個更簡單、更容易完成的小任務後，就再繼續問自己一次這個問題，然後再度得到一個更小的任務。這麼一來就能把原先任務的難度，一路切到超級簡單，簡單到你自己都會覺得，不去做都不好意思了的程度。這麼一來，就會更容易動身起來，開始去執行了。

對大腦而言，當你把整個任務切到很小的步驟之後，就會變成多個容易完成的小任務，像是一關一關的手遊一樣，可以更快讓大腦得到「完成任務」的成就感。

同時，你也已經把任務的進程，在心中倒著順過了一遍。於是完成這項任務的過程與終點，似乎也就變得沒那麼遙不可及了。

不用擔心簡化到如此簡單會沒有效果。比起達成效果，「開始行動」與「養成習慣」更重要。只要有了習慣，根本就不用擔心長期下來沒效果。而且通常當我們做了最簡單的第一步，之後的行動也很容易就會跟著執行了。

除了切到很簡單以外，你也可以從自己在行的角度先下手。雖然俗話說要「倒吃甘蔗」，但現實生活正好相反，要順吃甘蔗，才有辦法願意開始吃甘蔗，並且能吃下最多甘蔗。當我們感受到那八五%的熟悉好感之後，就會說服我們管理情緒的腦區[7]，讓它不會被嚇跑；然後再加上一五%的挑戰，讓我們進行決策的腦區覺得有任務可以做，不會變得太無聊。

從一點點開始就好，只要能脫離原來的慣性，就一定會變得更好。

等到取得第一步成功，自我效能感就會提高一點，而且能力自然也會隨著一次次練習，漸漸增加，掌控感便會跟著取得。這時，就可以在能力要增加到覺得「無趣」之前，適時提高一點點挑戰難度（千萬記得，只要一點點就好），也就是往之前切分的下一個小任務前進。像這樣來回循環之後，自然就會走在心流通道之中了。

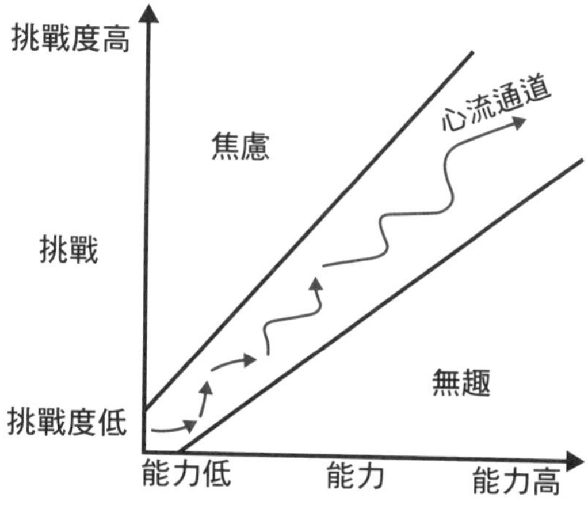

▲挑戰度與能力的配合，有助於進入心流狀態

參考資料：

Schell, J. (2019). *The Art of Game Design: A Book of Lended* (3rd ed.). CRC Press.

小美的例子

小美的生活中似乎處處都是失敗經驗（第62頁）。如果很難在生活中取得成功經驗，就無法找到自我效能感與掌控感，不管在日常生活中或工作上都是如此。

因此，依照心流理論的觀念，我們可以設定一些小目標，並讓成功經驗更容易取得。實際該怎麼做呢？

找到環境中的各種助力

❼ 雖然大腦分別有偏重管理情緒與進行決策的腦區，但其實不管是在處理情緒或做決策時，整個大腦都會運作，沒辦法切割得涇渭分明。而這種分得這麼清楚的說法，是上個世紀很流行的「三重腦」假說，將大腦分成管本能、管情緒、管決策的三大部分。只是這個說法已被現代腦科學推翻了。但不得不承認，這種分法確實很容易讓大家馬上理解，所以這裡還是採用這種簡單劃分的說法。

對鬍鬚張來說，他很喜歡透過音樂來幫助自己進入心流體驗。當他需要認真做事時，通常就會播放某些音樂，來幫助自己進入狀態。像前面講過的抗噪耳機，在想要放鬆時，或是幫助自己集中精神、更快進入心流狀態時，也會有很大的助力。

除了物品上的助力之外，從身邊的人找到力量，也是很好的做法。像前面提到的共學團、社群，都是很好的力量來源。因為基本上會參加同樣共學團或社群的人，大家的生活背景一般不會相差太多，這時候其他人的成功經驗，就會給自己帶來很大的鼓舞，成為我們啟動的第一步。

雖然理論上親身的成功經驗，對於自我效能感的提升才是最有效果的，但如果你看到跟自己差不多的人能夠成功的話，自然會覺得自己也很有機會能做得到。

另外，當自己在參與生活中遇到困難時，也可以在共學團、社群當中找到支持的力量、詢問的對象，以及相關的資源。

從自己在行的角度切入，會更有掌控感

有位學長曾經分享過，當年他小孩需要聽床邊故事時，一時還真的不知道該講什麼故事才好，於是他就開始講起了他最熟悉的歷史故事：精神醫學史。畢竟這就是他最熟悉的領域，說起來一定是得心應手。

如果是你在行的事情，那麼就一定會更有參與感、更容易投入在其中。將這部分與需要改善的部分結合起來，就會更有動機去完成了。比如說，因為鬍鬚張很喜歡玩樂器，也對自然生態小有興趣，因此當年他請育嬰假時，就會帶著仲雞玩吉他，或是帶仲雞去生態公園走走，帶著孩子摸索各種有趣的生態。

而我自己很喜歡做烘焙，對我來說，做麵包就是個可以放鬆心情的時刻。偶爾我也會讓仲雞一起參與，他不僅可以在麵粉、麵糰中得到不同觸覺的體驗，也可以在做出的麵包成品中得到成就感。

如果你還沒發現有什麼在行的事情可以結合的話，一定不是因為你的興趣

不足，只是你的創意還沒發揮、還沒好好挖掘而已。

前面說到，鬍鬚張高中同學的各種早起奇招，其實也就是將自己喜歡的事物，跟自己相對比較沒有動機的事情結合起來，以增加更多的參與感。

舉例來說，如果開車接送很無聊的話，那就放音樂或Podcast，增加這段時間參與的價值（當然還是要注意安全第一）。而鬍鬚張會用洗澡的時間，聽一些台語教學。他說這是從以前學生時代就學會的做法，他國中時的英聽，就是在洗澡時聽大家說英語頻道練起來的。因此現在就把這招應用在台語上。

突然一下子要精通台語，是一個過大的目標，容易讓人止步不前，因此鬍鬚張曾在全台語教育上，受到不少挫折。但現在，洗澡時聽兩次五分鐘的台語教學節目，並跟著練習口說，就是一個明確的目標，又有立即的回饋，並且將難度訂在容易達成的程度。

從自己熟悉、在行的部分開始，試著與育兒生活結合，是一種可以嘗試的方向。

主動參與的休閒很重要

在選擇休閒活動的時候，要盡量選擇主動式休閒。為什麼我們很少會在休閒的過程中感受到心流呢？這是因為很多時候，我們所選擇的休閒都是被動式休閒。特別當我們狀態不好時，更是如此。什麼是主動、被動休閒呢？

通常，會以「有沒有主動參與、執行行動、有無挑戰性」為判斷標準。一般來說，像看電視、追劇，就相對是比較被動的休閒參與，過程較鬆散、以被動接收為主。不過這也不一定，有時候，這跟你是怎麼進行的有關。像前面講到的使用社群媒體，如果只是單純滑過去，偶爾按個讚或愛心，那就只是被動地被餵資料而已。

契克森米哈伊做過一個調查，看美國青少年會在何時出現心流體驗？被動接收的休閒，雖然也是有可能進入心流，但比例上明顯少很多。

1. 一三%的人出現在看電視的時候。
2. 三四%出現在從事興趣活動的時候。
3. 四四%出現在體育和遊戲的時候。

在陳志恆諮商心理師的著作《脫癮而出不迷網》中有提到，當我們的生活處在一種無法自主掌控的狀態、充滿只能任由外界安排的無力感時，就會很容易沉迷在手機及網路之中。

這跟育兒生活很像。

只不過，這種暫時填補空白時段的做法，不但讓自己的大腦更累，同時又只能獲得虛假的投入感，結果長期下來，就只是感覺更空虛。甚至會害怕面對放下手機時，那如湧泉般冒出的焦慮感。於是又繼續抓緊手機繼續滑，深怕錯過了些什麼。

這時候的你，其實缺乏的是參與主動式休閒，外加正確的休息。

主動式休閒雖然會比較費神，執行的過程也不容易，但只要掌握了前面身心健康的原則，適時讓自己有足夠的休息，整體能創造出來的滿意度是會高很多的。

當然，並不是建議你要完全改做主動式休閒。被動式休閒還是有能幫助我們紓壓的用途，所以兩種休閒都可以進行，重點在於比重的調配。現在有太多人因為不懂得怎麼讓自己正確休息，不想多花心力在休閒上，所以才都分配時間給被動式休閒。

只要搭配正確的休息，安排一些主動式休閒就不會給自己太大的壓力。

正是因為覺得生活無法自主掌控，才更應該找一些夠簡單、但可以自己主動掌控的休閒來做。不用選太難的，從你熟悉的選項開始，可能是跟著音樂唱首歌、閱讀些書、寫些文字、打個毛線、站起身來伸展一下、跟著影片做十分鐘的有氧、出去逛街、計畫旅行等。

甚至可以試著將原先的被動休閒主動化。例如滑手機與社群媒體，比起被動接受資訊，如果試著去留言、互動，就會化被動為主動，容易得到更多參與感。看電視與追劇，如果只是被動接受聲光刺激，那就只是被動式休閒，但如果你在這過程中，還會加上一些自己的思考、整理，甚至是與其他人討論、分享內容的話，就會化為主動了。

不用一口吃下整個蛋糕

有句話說：「你不用很厲害才能開始，但要先開始才會很厲害。」

你該改善的，不是你人生的整體，而是一點一點的、每天都要去做的那些事情。這些小到微不足道、小到理所當然的各種小事，會組成你人生的職能；而各種職能，又會再組成你人生的角色。我們生活中大部分的時間，就是由這些小事、小任務所組成的。因此，這些小事、瑣事，就是我們職能生活重要的基礎。

雖然前面已經說過了，但因為這實在太重要了，所以再提醒一次：一次只要一點點，重複一直練習，並且設定可以馬上看到結果的目標，就會讓自己取得繼續向前的動力。就像走路一樣，一定要先將其中一腳踏出去，另一腳才會自動跟上。而我們該做的，就是思考要怎麼讓這「第一步」變得無比容易。

舉例來說，當初我在接到這本書的任務時，手上只有一個空空如也的 word 檔，根本就無法想像整本書完成的樣子。於是先試著編寫大綱、試著將內容切成一小段一小段。開始著手寫之後，在編輯的建議、鼓勵，還有 Michelle 的督促之下，開始有一些東西了。突然間，寫出一本書似乎並非不可能了！然後整個寫作的進度也開始加快。

當自己投身進去全心參與生活之後，能體會隨之而來的成就感，即使只有一點點也很有幫助。

可以找個了解這個原則的人，來跟你一起討論，幫你進行生活安排。要是身邊沒有這樣的人，那麼職能治療師就會是個不錯的選擇。

基本需求／任務：全心參與	
E 環境	**調整環境使用方式** ・減少環境干擾：抗噪耳機 ・減少接觸會打擊自己的人 ・觀察其他人成功經驗的啟發
	增加環境項目 ・增加內在動機 ・待辦清單、手帳
O 任務	**調整任務執行方式** ・一次一點就好：先培養成功經驗 ・從自己在行的角度切入，跟育兒結合 ・主動參與的休閒 ・結合自己喜歡的事
P 個人	**提升個人狀態** ・專注在自己能控制的事物上 ・學習新的教養方式 ・學習發展歷程

建立個人認同感，找回生活的意義

什麼才叫做好爸爸、好媽媽呢？這個課題是我們這一代家長常直接面對的一種焦慮。

台大社會學系教授藍佩嘉在《拚教養》裡，談到在我們這個世代中，不得不去面對的一個難題，就是我們所面對的教養焦慮，其實遠比過去幾個世代還要嚴重。所以真的不是因為我們是爛草莓、水蜜桃，而是我們面對著許多過去沒有的競爭處境。

在過去，其實沒有那麼多可以比較的樣本，但現在因為社群媒體的關係，所以大家很容易可以看到彼此的狀態。而這些狀態，卻又不是完全真實的情況。通常大家都會有意無意地，把自己比較好的一面表現出來。特別是網紅或意見領袖，有時可能是有意地包裝自己，或者只是有些偶包放不下。結果大家看到之後，就很容易覺得自己不如人。

你可能只是生自己的氣

鬍鬚張曾經在他育嬰假期間，心情很低落的時候跟我討論過，他覺得自己好像是個不合格的爸爸。明明是個職能治療師，卻在帶小孩時整天渾渾噩噩，不知道自己到底在做些什麼。也不像臉書上很多朋友、網紅一樣那麼有梗，能給小孩安排滿滿的節目。

「我沒有要你當一個完美的爸爸啊！」我這麼跟他說，「本來他們就會把自己比較美好的一面拿出來給大家看，那也不是他們生活的全部面向。你做自己就可以了，我並不希望你成為那些網紅，而是單純作為仲雞的爸爸，陪著他長大就好了。」

如果你拿網路上已經被篩選過的成果來跟自己比較，除非你有銅牆鐵壁般的心理素質，否則一定會對自己感到失望。

畢竟，你是拿著自己最不理想的時刻，跟別人的高光時刻相比。但是這種對決，難道不會對自己太不公平嗎？

你看到的其他人，並不是他們完整的樣貌。更何況，你也沒有必要成為完美的父母。

我們團隊的 Michelle 也曾有過類似的經歷。她當年為了結婚生子，從韓國首屈一指的大企業離開回到台灣，有一段時間經歷了相當的低潮，不斷自我懷疑當年的決定是否正確。她在跟我多次深談後，終於有一些改變的契機，後來也鼓勵我認真經營粉專。甚至最後她自己也全職加入了，在其中找到成就感、個人認同感。

什麼是個人認同感

所謂的「個人認同感」，是指我們如何看待自己、定義自己的過程。簡單來說，它就是回答我們內心深處的核心問題：我到底是誰？而回答這個問題的基礎是「我的所做所為、我的存在到底有沒有意義？」

自我效能感與個人認同感最大的差別在於，自我效能感是針對「事情」的態度，覺得自己有沒有能力去完成。而個人認同感是針對「自己」的態度，覺得自己的存在是否具有意義。

個人認同感跟我們的生活動機，有很大的關係。當我們的個人認同感不好的時候，就會缺乏意義感，也無法自我肯定。做什麼事都覺得沒用，覺得自己的人生就是在瞎忙，那當然沒有動力繼續前進了。

我們在臨床上接過很多憂鬱症患者，他們其中一個關鍵的表現，就是缺乏意義感。

修復自我認同感的最好時刻，就是現在

依據心理學家艾瑞克森（Erik Erikson）的社會心理發展階段理論，認同感是在年輕的時候就必須要完成的一項重要課題。如果發展得好的話，就會有

歸屬感，清楚明白自己的存在和生活的意義是什麼。如果缺乏了這一塊，就會覺得自己的人生角色沒意義、生活變得漫無目的。時間一長，就不禁會越來越懷疑自己的存在到底是為了什麼。

但艾瑞克森的理論，也給了我們一點希望。因為不管我們錯過了多少發展階段，都是有機會可以重新修復的。當然，越晚修復就會越辛苦，因此最好的修復時刻，就是現在。

個人認同感既然是要回答「我是誰」的議題，那麼就代表當中有很大的成分，是根基於我們與自己、與他人、與外物之間的關係。這在女性身上又更明顯。很多女性在成長歷程中，會忽視「我到底是誰？我到底想要什麼？」的議題，等進入一段親密關係之後，經歷了互動、相處、磨合，才漸漸意識到自己的認同是什麼。不知道你是不是也有這樣的經歷？如果是的話，那就表示，現在正是你發展個人認同感的重要關鍵時刻。

形成個人認同感的過程，其實就是一種更認識自己的過程。這能讓我們擁有更清楚的價值判斷能力，幫助我們在人生形形色色的選擇中，能不糾結地做出決定。例如當小孩出生之後，到底是要當全職爸媽，還是要回職場工作呢？我們的生活，又到底該為什麼而努力？對於一個有清楚個人認同感的人而言，要做出這類決定不會太困難。

如果我們沒有足夠強大、足夠清楚的個人認同感，或是個人認同感只來自於小時候父母灌輸給我們的信念，人生就會很辛苦。

為什麼呢？這有兩個原因：首先，我們父母建立自己價值觀的時代，跟我們是很不一樣的，在他們那時候可能很有用，但現在就不一定了。如果無法適時加入新的信念，那我們的思考方式很可能會變得太過僵化，面對新挑戰時會缺乏足夠的彈性與自主性，造成適應上的困難。

其次，他們灌輸給我們信念，常常會在無意間帶入許多負面、傷害性的內容，讓我們更容易陷入自我否定、自我懷疑的思考中。但這也不能怪他們，因為他們很可能也是在這種模式的教養中長大的。

然而，要認識自己、形成個人認同感，其實也不容易。這應該是這四種基本需求中最難達成的一項了，也是每次我們在身分轉換的過程中，一定會走過的道路。在這個經歷探索、嘗試，再進一步整合的過程中，我們會感到困惑、迷茫，甚至有時候會很痛苦。但這過程都是必須的，也是一個回過頭看，會感謝之前的自己，曾經做過努力的過程。

小美的例子

縱觀小美的生活（第62頁），可以看到小美會感受到自己是個失敗的工作者、失敗的媽媽。甚至覺得生活完全沒有意義，不知道自己在為誰而忙、為何而忙？

這時又看到朋友、網紅的完美貼文，無疑是在落井下石。

因此，找到個人認同感，對小美來說是個勢在必行的調適方向。我們來看看看可以怎麼做吧！

個人認同感可從三個部分來取得：

1. 自己內心的價值信念，以及對生活的參與。
2. 跟其他人事物之間建立的角色關係，以及得到的回饋。這部分可以從人際關係中獲得，建議你可以再複習一下人際關係的部分。
3. 參與在群體之中，得到歸屬感與意義感。

找回生活中的意義感

我們的信念，會決定事物怎麼呈現在我們面前。而這些信念，又是我們過往人生歷程所累積出來的。現在的你，也是在為未來的自己，不斷在累積信念的基底。然後這些信念都會幫助我們判斷，哪些事物對自己來說是重要的、有意義的、有興趣的。平時面對選擇時，也可以幫助自己做出決定，並感受到生活中各種事物的意義。

這裡說的意義，並非只有像「人生意義」這麼大的議題，而是在回答我們「為什麼」要做這些事，像是「我為什麼要工作呢」？

「當然是為了賺錢啊！」你可能會這樣說。

沒錯，賺錢是工作的意義之一，但工作只有賺錢的意義嗎？如果對所有人來說，除了賺錢以外就沒有別的意義的話，就不會有人去當志工，也不會有財務自由的企業家投身公益了。

再舉例來說，對你而言，婚姻生活是什麼模樣呢？配偶在你的生命中，占了什麼樣的位置？你是怎麼看待小孩的呢？你對於自己身為父母的角色，又是怎麼想的呢？

有些人覺得結婚、養兒育女是人生的重要任務，是不可或缺的重要職能角色，但有些人則覺得生養小孩可有可無。這些信念都跟自己的人生經驗有關，受到成長背景、教育、學習、思考、他人的影響，因此我們會對目前的情況做出判斷與決定，然後這些判斷與決定又進一步地，繼續強化自己原先的信念與意義感。

你覺得這例子太嚴肅嗎？小一點的事物也是如此。例如你怎麼看待「照顧小孩的餐食」呢？一定要親手準備才安心嗎？還是外面買的其實也可以？這些判斷，其實也都是透過你個人的信念所決定的。

每個人都是自己人生故事的主角

最終，這些信念就會形成你的人生故事，而你就是故事中的主角。那麼，你人生故事的「主題」是什麼呢？

記得有一對朋友夫妻，他們聊到第一次見未來公婆的故事：女生跟未來公婆聊了幾句之後就發現，她未來婆婆的人生主題是「度過苦難」，於是接下來的半個小時，她就開始述說自己人生中的各種苦難經驗，從此就在未來婆婆的心目中，奠定下「這一定是個好媳婦」的重要基礎。

當下我們兩個聽得拍案叫絕！因為我們也很熟識這位長輩，所以很懂她所說的「苦難人生主題」是什麼意思。而這位長輩的許多行動，其實也都跟這個主題環環相扣。

奧地利心理學家弗蘭克（Viktor Frankl），因為是猶太人，在納粹時期曾經被關進集中營三年，出營後發現家人幾乎都死光了。在這樣痛苦的經歷中，他開創了「意義療法」。

在意義療法中，有兩個改善生活的重點：

1. 接納無法改變的苦難：若苦難無可避免，就先學習試著接納。在這過程中，也有可能找到生活的意義。

2. 發現意義：再進一步地，將注意力轉向自己可以控制的事物，從我們能掌控的部分找尋參與的意義。能驅動我們的動力，就是在生活中發覺意義所在，這也是我們唯一能掌控的部分。

例如，我們可能要同時兼顧育兒與工作的壓力，這過程會很痛苦，而且短時間難以改變，但我們可以嘗試接納這樣的現實。

而在嘗試接納之後，我們就可以在育兒與工作之間，嘗試各種調整與妥協。然後從中發現未曾想過的做法、可以跳脫過往的形式，最後在兩者之間達成平衡。

這個概念，跟著名神學家尼布爾（Reinhold Niebuhr）的《寧靜禱文》一樣：

請賜我寧靜，去接受我無法改變的事；
請賜我勇氣，去改變我能改變的事；
請賜我智慧，以分辨二者的不同。

當你為自己的生活、經歷，賦予一個意義的話，才會產生出一種精神上的動力，才有辦法在辛苦的處境中繼續下去。每個人對自己生活的意義解讀，都是不同的。甚至同一個人，在不同的生命階段、處在不同的環境、擁有不同的角色時，也會解讀出不同的意義。這個過程只能自行嘗試，沒有人可以代勞。

本來，生活實際情況就跟原先想像的不同，但也不一定會因此感到痛苦。如果會感到痛苦，通常是因為覺得自己正經歷的過程沒有任何意義。

如果能像前面講的，全心參與在自己的生活任務中，並取得成功的經驗，自然就會賦予它意義。即使是完全相同的處境，但因為累積起來的信念不同，就會產生出不同的解讀。

從「Doing → Being → Becoming → Belonging」主動找到意義

環境能改變的、任務能調整的，都已經做完後，剩下的就是我們自己的內部動機了。大部分時候，我們無法掌控生活事件的發生，但我們可以掌控的，是自己對此的解讀與意義感。

我們對一件事的看法，在很大程度上會影響自己的行動。《與成功有約》中有這麼一段對話：

「我跟我老婆已經失去過去的熱情了。我已經不愛我的老婆了，我猜想她應該也一樣不愛我了。我該怎麼辦呢？」有人向作者柯維（Stephen R. Covey）提問。

「過去的感覺都蕩然無存了？」柯維問。

「沒錯，」那個人繼續說，「我們還有三個孩子，你有什麼建議嗎？」

「那你就愛她吧。」柯維當時就這麼回答他。

「我剛才說了，我們之間的感情早已蕩然無存了。」

「那你就愛她吧。」

雖然一開始會覺得柯維是在強詞奪理，但其實在他這個回答的背後，是在傳達一個重要的訊息：其實這不是「方法」問題，而是「信念」問題。

在我們結婚生子之前，其實大部分的人對婚姻和育兒生活是不太了解的。結果在生活跟想像中有落差時，就會感到很失落。說真的，「從此過著幸福快樂的日子」的美好景象，還真的只存在於童話故事之中。

真實的育兒生活，本來就是如此重複、樸實無華且枯燥的。因此只能倒過來，先實際去參與日常生活的各種瑣事（Doing），從中找到自己存在的意義（Being），進一步成為自己想要的樣子（Becoming）。最終，在裡面找到歸屬感（Belonging），並培養出熱愛。

當我們先調整好信念之後，才能戴上正確度數的眼鏡來看世界，也才有可能找到適用的做法。接著可以看到做出來的一點成果，從中得到一點自信，然後讓自己更有動力參與生活。像這樣不斷正向循環，久而久之就會發現，自己已經站在不同的位置了。

然而，在真正情緒不佳的當下，要自己做到這樣並不容易。你可能會像《甄嬛傳》中的皇后一樣哭喊，「你以為臣妾不想嗎？臣妾多想改變信念，可是臣妾做不到，臣妾做不到啊！」改變信念談何容易？

這一點你知道，我也明白。所以我們才要從最簡單的地方開始做起，一步一步來。先從環境調整開始，再將執行的任務切得更簡單，從實際動手中得到一些好的經驗後，信念才會隨之改變。

在群體中找到個人認同感

前面提到，如果要改善人際關係的話，可以參與共學團或社群。這個方式之所以我特別推薦，還有一個原因，就是可以協助我們更認識自己，從中找到個人認同感。

因為共學團的好處，就是你可以藉此來確認，自己是否真心認同這種教養方式。

鬍鬚張請育嬰假那段時間，會去參與台語共學團。說實在話，要全台語真的是不容易，很多朋友都很佩服鬍鬚張，到目前都還能堅持下去。我覺得這跟他在「台語共學」中找到的認同感，有很大的關係。

在仲雞接近三歲時，鬍鬚張曾經數度想要放棄全台語了。當時在粉專一分享出來，好多全台語的家庭，紛紛前來留言鼓勵鬍鬚張堅持下去。雖然他嘴上不說，但我看得出來，那一次的經驗，很大程度上給了他繼續下去的力量。

如同前面提到的，他現在還會在洗澡時練習台語。因此，**非常建議可以找一個跟自己教養理念相符的共學團或社團。**

講到教養方式，說實在的，教養孩子的過程，除去那些經過科學研究認定會有問題的以外，其他的教養選擇，其實都只是一種「相信」。正因為教養要同時參考父母自身的經歷、考量小孩的氣質、思考周圍的環境，因此很難有標準答案。這麼一來，如果沒有成熟的個人認同感，只是因為自己父母當年怎麼教，現在就怎麼做，或是看到一個教養專家的說法就跟著這樣做，聽到另一個說法又跟著那樣做，到後來一定會頭暈目眩，找不到方向。有清楚的認同感，才不會迷失在各式各樣、彼此矛盾的教養觀念中。

除了共學團以外，信仰也是重要的個人認同感來源。我們家是基督徒，這份信仰，也是形塑我們家的一股重要力量。在自己讀經、與家人一起禱告、跟弟兄姊妹的互動中，都會讓我們找到自己的歸屬之處。

現在我都會跟一群認識多年的姊妹，定期一起查經禱告，總是能在當中找到許多力量。

另外，在治療室外面，也有很多爸爸媽媽會自主成立一些互助團體，因為彼此都懂對方的困難。在其中，自然就會找到歸屬感。

分享自身經驗，幫助別人

如果沒辦法加入實體共學團，你至少還能加入我們的 Line 社群。

當我們開始了 Line 社群之後，我發現可以在裡面好好了解大家的狀況。更難能可貴的是，其他成員也能夠以正面而溫暖的方式，回應各種不同角度的思考。連我自己，都在這臥虎藏龍的小地方當中，學習到非常多。

漸漸我發現，其實也有好多位成員，雖然一開始常常徬徨無助，但經過一段時間的陪伴與練習，現在也可以在社群當中，回饋經驗與做法給其他徬徨無助的成員了。

我非常感動！每當看到有好多人，在這樣溫暖正向的社群陪伴下，逐漸長出自己的樣子，並且也長出力量，可以學習怎麼陪伴其他人，就覺得自己的付出與努力是值得的。並且也知道，大家的個人認同感就這麼漸漸成長起來了。

有了這樣的個人認同感，再加上有一起努力學習的同伴，你就會有清楚、成熟的價值判斷能力，知道哪些教養理念是合理可參考的，而哪些又是各種各樣的噱頭，也就不至於徬徨無助，也不會盲從了。

基本需求／任務：建立個人認同感	
E 環境	**調整環境使用方式** ・與隊友溝通教養理念 ・偶爾放手也沒關係 ・減少接觸會打擊自己的人 **增加環境項目** ・找到歸屬感：共學團、社團 ・信仰團體
O 任務	**調整任務執行方式** ・可以照著自己的步調 ・分享經驗，幫助其他人
P 個人	**提升個人狀態** ・信仰 ・思考自己的教養理念 ・閱讀教養理念

應用在生活任務上：下班後煮飯

我們再回到小美身上。其實 PEO 除了可以協助前面這四種基本需求外，也可以用來解決單一的生活任務。例如小美有下班後煮晚餐的需求，我們就再針對這部分，來思考 PEO 可以怎麼應用。

當職業媽媽下班後趕回家煮飯，煮到腰痠背痛，結果還被嫌煮得不好吃。除了把老公罵一頓、賭氣把飯菜倒掉之外，還有別的可能性嗎？如果用 PEO 來幫忙，會得到什麼不同的思路呢？

在幫忙小美量過流理台面的高度後，我們發現原來她腰痠背痛的原因之一，是因為台面高度太低了。但因為房子是租的，沒辦法自行裝潢，因此我們就建議小美，洗碗、做菜時可以把兩腳站開一點，讓腰部的肌肉減少負擔，運用更多臀部的肌肉。

當然，更省事的做法，就是「三機救婚姻」。這三機的網路說法都不一，但我認為一定要有的，就是洗碗機。就像當年洗衣機的發明，解放了只能整天洗衣服的女性，洗碗機也可以達成一樣的效果。電鍋也是我們的好朋友，我們家買了大同電鍋的一些配件，像是不銹鋼的蒸籠後，很多食材都可以丟進去一次蒸好。蒸氣烘烤微波爐（俗稱水波爐）也是個不錯的選擇，雖然價格較貴，但如果預算夠的話，建議還是可以買一台，會讓你的烹煮方式增加很多選擇，又很方便。

這些設備，就可以讓小美的洗碗、做菜負擔減少很多。

除此之外，可安排一些隊友也能立刻上手的任務，讓他一起加入。應用前面講過的人際關係、全心參與的做法，可讓隊友更願意一起參與。

另外，有些事是可以調整順序的。像鬍鬚張就很講究「煮飯」這件事，他量米跟水時，搞得跟做化學實驗一樣，用食物秤來計算比例。他一開始無法接受前一天先將飯煮好，等涼了之後放冰箱，他說這樣冰過的飯會變硬變難吃。但是回家之後才煮，又會延誤晚餐時間。

最後我們找到了折衷的方式：改成前幾天先煮好兩、三天份的白飯，然後趁飯還沒完全冷掉前，分裝冰到冷凍櫃。這樣既能節省時間，白飯的口感也不會差太多。

解凍肉類也是一樣的，如果當要煮的時候才解凍，一定又會拖到很晚。因此我們也是將要解凍的東西，前一天先移到冷藏，像這樣慢慢解凍，一來節省時間，二來也讓肉類的口感更好。

不過這麼做也是有缺點的，就是有時候會忘記有解凍中的食材。因此就可以在冰箱上貼 memo，或是設手機提醒。

在前面這些問題解決後，再來考慮上網查一些所謂的「懶人食譜」或「快速上桌料理」。現在也有很多不錯的料理書，可供參考。

你可以有自己的創意

好啦，老實說吧，其實前面的小美，有些是融合了鬍鬚張跟我的經驗，還有一些是經過去識別化的案例改編。

在這些內容裡，有些是我們示範了自己的處理方式，有些是根據理論與我們的臨床經驗給出的建議。這些都很有幫助，但你不必全盤接收。因為你也要依照自身的現況和經驗，來做出自己的選擇。這個過程是動態的，可按照自己的情況來調整。

只要掌握了 PEO 的原則，你就會發現，許多問題的解法就藏在你身邊。

基本需求／任務：節省下班回家煮飯時間	
E 環境	調整環境使用方式
	• 雙腳站開一點，減少腰痠背痛 • 協調隊友一起來做
	增加環境項目
	• 貼memo在冰箱上、設手機提醒 • 三機救婚姻、買電鍋配件、買蒸氣烘烤微波爐 • 偶爾直接叫外送
O 任務	調整任務執行方式
	• 改成前一天放冷藏解凍 • 有些食材前一天先準備好，甚至煮好
P 個人	提升個人狀態
	• 上網查「懶人料理」食譜 • 買初學者能上手的料理書

5

人生沒有標準答案，教養也沒有

看了前面的內容，不知道你會不會有一種「怎麼那麼複雜啊！」的感覺？沒錯，人生就是這麼複雜。但也因為這樣，我們的生活中才有非常多種可能性，也沒有一定的標準答案。

找到自己的教養步調

關於自己要採用哪種教養方案的思考，可以從下面幾點去決定：

1. 科學怎麼說：近期的教養研究怎麼說？有沒有哪些教養迷思，已經被證實是無效或是有害的了？
2. 是你決定這麼做，還是你爸媽當年就是這麼做：這是你經過思考才決定的嗎？還是單純因為以前自己就是這麼長大的？
3. 沒有什麼是一定要的：放過自己，不用每件事都做到一百分。

科學怎麼說

很多教養理論、科學研究的結果，都對我們很有幫助，可以讓我們不要犯最基礎的錯。但那些研究都是在特定環境下得到的結果，我們的家庭不是完美條件控制下的實驗室，最終都還是要回歸現實生活。所以我們必須思考，到底自己真實生活的情況是怎麼樣。

如果要過得更加自在、更有自己特色的生活，我們可以不用完全被這些教養理論綁住。這當中有很多空間，是可以因應實際生活情況來自由調整的。

是你決定這麼做，還是你爸媽當年就是這麼做

「你這行為，就跟你爸媽一樣！」這句話，大概是夫妻最容易引戰的話之一。雖然這話很傷人，卻在某種程度上道出了一些事實：我們很容易會複製自己父母的行為。即使自己很討厭這樣的行為，卻也難以避免地複製

出來。

為什麼會不自覺地模仿自己的父母呢？除了因為這是我們早期的經驗之外，另外一個重要的原因，是因為害怕面對不確定性。

面對不確定性，每個人的反應都不同。然而有一種情況，會讓人更討厭不確定性，那就是處在情緒穩定度低的狀態時。當人處在情緒穩定度低的狀態，也就是相對比較容易焦慮、憂鬱、發怒、衝動、低抗壓性、在意他人眼光時，如果面對不確定性，會更傾向選擇已知的做法，即使這個做法自己並不喜歡。

心理學家赫什（Jacob Hirsh）與因斯利特（Michael Inzlicht）曾做過一個研究。他們讓受試者試著預估時間，當目標圖示出現時，就要在心中默數一秒鐘，然後按下按鈕。接著，螢幕會顯示結果給受試者，看他們是不是有在規定的時間範圍內按下。如果有在時間範圍內按下，就會顯示加號，當作正面的回饋；如果超出範圍了，就會顯示減號，當作負面回饋。並且告訴受試者，如果分數很高的話，就會有獎金可拿。

而這研究有趣的地方在於，當中有三分之一的題目在顯示結果時，既不是加號，也不是減號，而是問號。也就是不告訴受試者到底有沒有做對，當作不確定性的回饋。

在正常情況之下，當人接收到負面回饋時，大腦神經反應會比正面回饋更多。這個很好理解，大家都不喜歡收到負面回饋。然而，那些情緒穩定度低的人，當他們在面對不確定性時，大腦會出現比其他人更激烈的情緒反應，甚至比當他們面對負面回饋時還要更高。

這個結果非常重要。我們自己在臨床上，常常看到一些讓人匪夷所思的現象。例如有人明明痛恨父親對自己家暴，結果自己的小孩出生後，他也是一樣揍小孩。直到我看到這篇研究成果，才恍然大悟。

因為對他們而言，他們寧可選擇已知的苦難，也不願面對未知的新選項。當他們面對未知的新選項時，大腦會更容易產生激烈的情緒反應。我們在講座時，也很常聽到父母這麼提問：「我也是這樣長大的啊，還不是活得好好的。

那為什麼要改呢？」然而，當認真與他們深談後，會很訝異地發現，他們自己其實也不怎麼喜歡當年父母對待自己的做法。

這個研究結果，並不是要用來自我評判，也不是用來批判別人。而是用來提醒自己，我是真的已經考量過這些新方法後，才決定沿用原來的方法，或只是單純不想接受新方法呢？

說到底，大腦真的不喜歡不確定性。但不確定性就是世界的常態，也是讓我們失去安全感的原因。數學家保羅斯（John Allen Paulos）曾說過一句很有名的話：「在這世界上唯一確定的，就是不確定性。」但這句話其實還有後半：「因此，知道該怎麼跟不安全感共處，才是唯一的安全感。」

雖然不確定性是我們無法掌控的，但學習怎麼與它共處，則是我們可以掌控的。

沒有什麼是一定要的

不要給自己太多要求，像是母乳一定要餵好餵滿、當全職家庭主婦一定要把家裡打掃得一塵不染等。

人生沒有那麼多「一定要」！有做到很好，但沒做到也不要緊。另外，也不是什麼事情都一定要自己做，老公可以做的讓老公做，經濟許可的，還可以偶爾發揮一下鈔能力。請不要為自己設定那麼多標準！

而這也是用上PEO的其中一個好處：讓自己體悟到，真的沒有什麼是一定要的。

有時候並不是沒有其他辦法，只是我們的腦袋會卡住，想不到其他出路。如果光靠腦子空想，而不透過一個思考架構寫下來，很容易就會停留在最早想到的那個方案，然後就覺得「大概只能這樣了」。

有了PEO的思考架構，我們就不會只卡在原點，而會更容易突破思考的外框，找到其他更有效、更有創意的解法。

育兒之路，比得是誰撐得久

在二〇二一年，台灣經歷了育兒史上最大的修羅場。當時由於新冠疫情升溫，各級學校紛紛開始停課，家長也被迫跟著關在家中。於是親子之間的衝突率，也隨著疫情水漲船高。

我們家也不例外，當時仲雞動不動就生氣。軌道車跑不順生氣、拼圖拼錯生氣、餐桌上的食物不合胃口也生氣。光生氣還不打緊，但他一生氣就拳打腳踢，甚至用指甲抓人。

當時處在經期前，生理心理都疲憊、易怒的我，很快就被激怒了。不自覺就板起臉，用嚴肅的聲音提醒他：

「你現在是不是很生氣？去旁邊休息一下！」

結果呢？仲雞反彈得更厲害：「我！才！沒！有！生！氣！」

「你看！口氣這麼差，還說不是生氣！去你的冷靜椅，冷靜一下再說！」

我也忍不住怒氣，不知不覺地音量就提高了。

「吼！」仲雞張牙舞爪地，像一隻小獅子向我衝來。

他手腳並用地，想要摀住我的嘴巴，把我的眼鏡撥弄到地上。我內心的小火山，在那瞬間被熊熊點燃了。

現在到底是誰在互動？

在讀到這裡之前，相信你一定也看過很多教養文章，教導我們怎麼處理孩子的情緒。像是遇到暴怒的孩子時，你可以怎麼樣步驟一、步驟二、步驟三照著做。

但你知道嗎？其實我們常常忽略了一件事情：生氣的情境，經常是一個互動的結果。我們還得先思考一下，目前是「誰」在跟這個生氣的孩子互動呢？

回到一開始的故事，仲雞對於車子一直跑出軌道，而感到懊惱生氣。當時他帶著怒氣向我開口，其實很有可能是想要找我拍拍他、安慰他一下；也有可能，其實他是想找我一起幫忙度過難關。

但是，偏偏他遇到了正在經歷經前情緒不佳的我。當時一直被他的聲音干擾，沒辦法繼續工作的節奏，只希望讓他安靜，以便自己可以專注。所以就出手要去處理他，卻沒有先整理好自己的情緒，就搶先開口了。

因此，即便當下我講的內容，像是請他先去一旁冷靜，都是合情合理的程序，但是在仲雞的耳中聽起來，就變成了一種挑釁或是處罰。想當然地，他就更加爆炸了。

—

聽到我們母子倆大小聲，卻還不進來幫忙的鬍鬚張，實在是太欠揍了！我對於他身為爸爸這個角色，居然屎遁躲在廁所這件事情，心中更湧起千百個不滿。

「鬍鬚張！你快來！」我內心的潛台詞是，「再不過來你就死定了，今天晚上去睡公園吧！」

鬍鬚張大概感應到我沒說出來的威脅，趕緊進到母子倆劍拔弩張的現場。在這個緊張的場面，由於鬍鬚張的出現，整個動力就稍稍產生了些改變。

「來，你跟我來，」他摸摸仲雞哥的頭，平靜地說，「你來坐這裡，休息一下，等你沒生氣以後再去找媽媽。」

明明是差不多的內容，他說的卻奏效了。

——

在高張的情緒之下，其實我們的腦袋也缺乏彈性，常常會落入單一的思考：我在這場吵架中要贏。這就是陷入在「有限賽局」的處境，一心只想到輸贏。

可是親子關係不是拿來拚輸贏的，如果不切換到「無限賽局」的話，就算贏了這局，卻也輸掉了長期關係。如果考慮到還有下次呢？長期來看，我們要怎麼經營關係呢？是不是還有別的方案？

而「暫時離開現場」，就是一個很不錯的方案。通常在這樣高張力的情境下，通常會建議先離開現場。離開，代表了 time-out。這個 time-out 是一個中性的詞彙，就像是比賽中的暫停，讓大家休息一下，整理一下情緒，也讓前面講過的「換位效應」發揮作用。

如果家裡有第三個人的話，平常可以先建立起這樣的默契：當某一方親子在衝突的時候，另一方要出來救場。正如前面提到的，我主動呼叫鬍鬚張來救場，讓他以平靜的語氣與自然的態度進入現場，帶走小孩或是我。然後透過這個過程進行情緒安撫。

假如你是家中那個第三人，當你要出來救場的時候，千萬要注意，不要惹火上身。你可以做的事情是：拍拍隊友，或是跟隊友說聲「辛苦了」。讓隊友知道你是要來幫忙的，而不是要來幫倒忙。

然後第二步，用平實的語氣與態度，客觀地描述事實。

「孩子，我看你很激動的樣子。怎麼了？」一邊客觀描述觀察到的事實，一邊引導孩子離開現場。當然，那個被帶離現場的，也可以是大人。

如果家中沒有第三個人，那麼建議你先深吸一口氣，盡量試著用平靜的語氣說：「先等一下，我覺得我現在情緒很高漲／很滿。我要離開這裡休息一下，整理一下情緒。」

當然不必一字不漏地背，你可以代換一些自己習慣的用詞。但是請注意，重點在於，要用中性的語詞與語氣來說。說實在的，這樣的句子要在情緒的當下說出來，並不容易。不是熱血充腦想不到，就是話到嘴邊時開始覺得彆扭，又把話吞了回去。所以建議你可以先想好一句話，甚至把它寫下來，平時沒事就默念幾次，念熟了，就不彆扭了。

「媽咪，我生氣生完了。」十幾分鐘後，仲雞自己跑來跟我說，「對不起，我剛剛很生氣就打你，打人不可以。」

「我也要跟你對不起，」我氣也消了，「我剛剛沒有仔細聽你要做什麼。對不起，我可以跟你抱一個嗎？」

人是不可能不生氣的，也不可能沒有負面情緒。因此我們要關注的重點，不是要怎麼不生氣，而是在生氣時，觀察自己當下的行為是否合適，以及觀察有沒有跟生氣強度不相應的行為發生？以及，在生氣後的處理方式，又是怎麼做的。

有限賽局與無限賽局

美國宗教歷史學教授卡斯（James Carse），在他的著作《有限與無限的遊戲》中，有一句被大量引用的名言：「世界上有兩種遊戲，一種是有限遊戲，一種是無限遊戲。有限遊戲以取勝為目的，無限遊戲以延續遊戲為目的。」

但其實「遊戲」（game）這個詞的翻譯，我覺得不是那麼精確，應該要翻譯成「賽局」會更適合。所謂的賽局，指的是在人與人的互動之間，只要有了各自的目標，當彼此都試圖為自己的目標，取得對自己最有利的結果時，他們之間的互動就會成為賽局。

因此，這句話應該翻譯成：「世界上有兩種賽局，一種是有限賽局，一種是無限賽局。有限賽局以取勝為目的，無限賽局以延續賽局為目的。」

試想，人與人之間的互動，都有各自不同的目標，並會為了自己的目標努力。那麼夫妻關係、育兒生活，不也是一場場的賽局嗎？

你或許會覺得，用這種角度來思考的話，不是很功利嗎？好像都在勾心鬥角？確實，如果只進行一次的話，那確實很容易進入到勾心鬥角的領域。而這就是所謂的「有限賽局」。

有限賽局

什麼是有限賽局呢？就是有明確的規則、有簡單易懂的邊界、有結束的時間。每四年一次的奧運，就是個有限賽局。在這規則之下，最強的選手取得金牌，結束。我們從小到大經歷過的考試也是有限賽局，規則就是答對越多題越高分，邊界就是不可以作弊。

在我們的人生歷程中，很多時候都會被訓練成用有限賽局的角度來思考。而且有限賽局因為簡單易懂，所以很符合大腦的胃口。如果沒有停下來多思考一會兒，那麼用有限賽局的角度來決策，幾乎就是必然的結果了。

然而，真實的人生當中，充滿的卻是無限賽局。

無限賽局

什麼是無限賽局呢？簡單來說，就是跟有限賽局相反，沒有明確的規則、清楚的邊界，也沒有結束的時限。而勝利的條件，就是要想辦法盡可能留在賽局當中，能進行越久越好。因此，在無限賽局中，會重複非常多次賽局互動。

有限賽局，比的是你當下的能力表現，以及對規則的掌握程度。而目標是要一次性地贏得競賽，因此就會想要拚個輸贏。

而無限賽局，比的是長期的資源使用能力，以及意志力。當資源用盡，或是無法發揮效用，意志力也用完時，就無法進行下去了。由於目標是要想辦法持續進行下去，因此很多時候就會採取合作的模式。因為在這種賽局中，「對手」在未來也有可能會變成你的「資源」。

這時，我們考慮的就不再是「當下」的輸贏，而是參考這次的結果，來思考下次我們可以怎麼調整做法。

家庭關係、育兒，就是一種無限賽局。如果在發生衝突的當下，我們使用有限賽局的視野來看的話，自然就會走向拚個你死我活的結局。但要是換到無限賽局的視角，我們對於勝負的感受就不同了。就像不是只能看到眼前的路，而在腦中開啟了Google 地圖一樣，突然就會發現，原來還有很多可選方案。

當小孩在為了不吃飯而吵鬧，如果用有限賽局的角度來思考，規則就是如果小孩吃下飯你就得分，時間限制是一小時。

「今天我還不跟你拚了！」這時，威逼、利誘，好像就變成唯一的選項。

因為這是取得「勝利」的最快途徑。這時腦中思考的，只剩下要「如何」讓小孩吃下飯。如果小孩不吃，就開始覺得小孩總是跟你唱反調、覺得心中滿滿的挫敗感。回頭一看，隊友在一旁滑手機，於是怒氣油然而生。

但如果跳脫出來，用無限賽局的角度思考呢？想想看，這餐不吃，會怎麼樣呢？好像也還好。會不會這裡有太多干擾源，讓小孩沒辦法專心吃飯？還是他太累了？那有沒有別的替代方案呢？這餐不吃，下一餐我就多準備一點，讓他可以吃回來就好？我們不是只有這一餐而已，那下次小孩在類似的狀態時，我可以怎麼安排用餐環境，讓他比較容易多吃一些？如果我現在用點心利誘的話，下次他會不會沒點心就不吃飯了？

那要怎麼處理正在滑手機的隊友？我跟隊友的互動也不是只有這次。想要讓隊友放下手機去顧小孩，用罵的、用酸的，會對下次的互動有幫助嗎？如果從取得資源的角度來看，要不要把他拉到同一陣線，讓他更有機會跟我合作？

你看，用無限賽局的角度一想，其實還是有很多可能性的。甚至連我們的目標都可以是有彈性的。如果調整目標，對於未來能更順利地進行賽局，那麼調整一下目標，也不失為一個選項啊！例如小孩每次都吃不完一碗飯，那以後就只幫他準備半碗，目標調整為半碗吃完就好。會不會小孩更容易有成就感，我們自己也可以鬆一口氣呢？

無限賽局的視角很棒，但很可惜的是，這種思考並不是大腦最偏愛的直覺方式，因此需要刻意練習才有可能熟練。我老實承認，我自己也很常卡在有限賽局當中，難以脫身。特別是在個人狀態不佳的時候，更是明顯。因此，我們需要學習，該怎麼先處理好我們自己，再來處理身邊的孩子。

帶著成長思維，持續自我覺察

當我們聽到別人稱讚我們的小孩時，在我們父母、祖父母那輩，通常都會說：「沒有啦！他哪有那麼聰明！」用這種貶低的方式，相信你也已經知道，這對於小孩的自信其實沒什麼幫助。但反過來，也跟著稱讚小孩很聰明，就會是比較好的方式嗎？其實，還有更好的做法，就是要以培養「成長思維模式」的角度來出發。史丹佛大學發展心理學家杜維克（Carol Dweck），在根據多年的研究後，總結出人對自己能力的思考方式分成兩種，分別是「固定思維模式」（fixed mindset）與「成長思維模式」（growth mindset）。

所謂的固定思維，就是相信一個人的能力是天生的，是先天就決定好、不會改變的。因此，一個人的成績、成就，在他出生的那一刻，基本上就已經註定了。大概就是「一分靠努力，九分天註定」的概念。

而成長思維就不一樣了，帶有成長思維的人，相信自己的能力是會成長、會改變的。因此，自己的成績、成就都可以靠努力來取得進步。他們的觀念是，「天才是九十九分的努力，加上一分的運氣」。

你希望自己的孩子，帶著什麼樣的思維長大呢？

成長思維著重在成長的過程

很多研究證實，帶著成長思維來面對挑戰時，成功突破的可能性，遠大於帶著固定思維的人。舉例來說，如果在給孩子挑戰題之前，先灌輸他們固定思維的話，孩子就會一直挑簡單的題目來做。反之，如果先灌輸成長思維的話，孩子就會試圖找更難的題目，越挑戰越有勁。

為什麼會這樣呢？其實原因很簡單。人都會有想要證明自己的存在價值、表現自己能力的動力，差別只在於，會用什麼方式去追尋而已。

固定思維只重視成果

對於帶有固定思維的人來說，既然能力是早已決定好的，那麼想表現自己能力可追尋的空間，就只剩下找到能「順利完成」的任務了。也就是說，如果找了更難的題目，要是解不出來，那不就表示自己的能力很差嗎？所以就會一直停留在自己的舒適圈裡面。

而對於有成長思維的人，既然能力是可以透過練習進步的，那麼能追尋的空間可就大了。而且，面對難題時，沒解出來也沒關係，那只表示自己的努力還不夠，還可以多試試看。因此這些孩子就會一直挑戰更難的題目，經過努力後解開，獲得成就感，再繼續找題目，即使失敗了也沒關係。

說到這裡，相信你應該也多少反思到自己身上了。「我的腦子是固定思維模式？還是成長思維模式呢？」

答案是，兩種都是。

兩種思維同時存在，重點在於能意識到，並試著調整

事實上，這兩種思維模式會同時存在我們的腦中。當我們遇到不同事件、處在不同情境中時，會不自覺採取其中一種模式來面對。隨著人生經驗不停累積與改變，我們在面對事件與情境時，會採取哪一種模式的傾向，也會隨之改變。

只不過，有一件事是可以確定的，就是要長期採取成長思維並不容易。因為大腦運作機制的關係，固定思維模式是很容易被啟動的。特別當我們面對類似過去失敗的經驗、不熟悉的挑戰，以及受到外界的批評、身處逆境時，為了要減少內心的痛苦，自我防衛機制會像免疫系統一樣自動啟動。這時自然就會無意識地讓固定思維模式占優勢了。

面對這種情況，我們首先要讓這種「無意識」過程上升到「意識層面」。

1. 接受兩種思維都會存在：不用特別抗拒固定思維模式，將它視為洪水猛獸。它本來就會存在的，我們要調整的，只是它出現的時機點。明白這一點本身，就是應用了成長思維模式。

2. 檢視固定思維模式出現的情況：花點時間回想一下，自己在什麼時間、什麼場景、面對什麼人時，特別容易出現固定思維模式？這些情況又是怎麼引出固定思維模式的？舉例來說，是面對工作場合的某些人時？面對某些親友時？或是看到網路上那些模範父母時？又或者是當隊友抱怨我們某些行為時？當小孩的白目行為觸動我們神經時？

當我們檢視一輪之後，就可以將一定程度的無意識，拉到意識層面來了。只要拉到意識層面，有很多問題就會變得更容易面對。

真的不用急，我們要接受「改變很慢」這個事實。在嘗試的過程中，一定會成功個幾次，然後又失敗個幾次，像這樣不停反反覆覆。然而，就是要將這樣的反反覆覆，視為自己正在進步的過程。不用擔心，不需要後悔，也不用懊惱，而要接納這個經歷。並且不斷告訴自己，正因為走在進步的路上，才會體會到這樣的感受。

所謂「努力不一定會成功，不努力一定很輕鬆」，如果很輕鬆，那就表示自己正在原地踏步。而正是因為困難，才有努力去做的價值。

在教養的路上一再失敗，很正常

在教養的路上，多次失敗是家常便飯。雖然理智上知道該怎麼做，現實生活卻總是難以做到。

像這樣一而再、再而三的失敗，就跟薛西弗斯困境一樣。薛西弗斯是一個在希臘神話中，被冥神判刑的人。刑罰的方式是，他要將一顆巨石沿著山坡推上山頂，然而每當他就要推達山頂時，石頭又會再度滾回原處，就這麼永無止盡重複下去。

這不也是我們在生活中常會遇到的困境嗎？我們看到了某個育兒的典範，或是看到某某老師又教了一些小技巧，就會覺得很興奮，對自己說：「哇！太棒了！原來就是這個，只要照著做，就一定可以成為完美的爸媽！」

然而，理想很豐滿，現實卻總是很骨感。等真的實際用上這些技巧時，一開始好像真的有用，「我進步了！之後也會越來越好的！」你相信自己就像牛市中的股價一樣，可以直線一路向上成長。

結果，那一天總是會來的。過了一段時間之後，又失敗了，就像好不容易推到山頂的巨石，又滾回山下。面對小孩的時候，忍不住還是會發起脾氣。沒辦法，生活中實在有太多讓我們心情不好、讓我們睡眠不足，或是壓力山大的因素了。面對再次失敗，深感挫折，覺得自己真的是一個很糟糕的人。不是都下定決心要成為好爸媽了嗎？怎麼又回到原點了呢？

然而你知道嗎？這個回到原點的感覺，雖然會讓你覺得很挫折，但其實反而是一個非常關鍵的過程。這是什麼意思？

當我們只從單一視角來看的話，就只能看到一個「不斷回到原點的循環」。這是因為我們只從單次的賽局，或是從比較侷限的角度來思考，那當然就會看到像這樣失敗的劇本。可是真實的成長路程，並不是這樣的。

真實情況，是一個立體的「螺旋式成長」。

教養的螺旋式成長，看似後退一步，卻是往上一層

有一次仲雞問我：「為什麼立體停車場，路都要做成斜的？」

「因為如果不做成斜的，車子上不去啊！」我說。

「那為什麼車子不要搭電梯？」

「因為這裡的電梯是小台的啊！你想想看，我們人可以進電梯，但是車子有辦法嗎？」

這個道理在立體停車場顯而易見，但在生活中好像就無法被看清了。我們的成長其實也是一樣，在成長過程中，能讓車子進去的垂直電梯是不存在的。

然而，我們卻都夢想要找到它。在真實的成長中，其實是像立體停車場的螺旋車道那樣，得要一圈一圈開上去。

在立體停車場的車道一直往上開時，會出現一個疑惑：「我現在到底開到哪層樓了啊？」因為每一層都長得很像，如果不瞄一下旁邊牆上的樓層標示，開到後來很容易突然有種迷失感，不知道自己現在到底在哪層樓。是的，這就是我們成長經驗中，挫敗感的原理。

雖然，看起來好像回到了原點，好像永遠都跳不出這個迴圈，但其實我們早已升到另一個階段了。這就是成長的真實情況。

如果沒有其他人提醒我們，或者我們沒有自己去尋找標示的話，那就真的會有一種錯覺，覺得自己好像永遠困在這個迴圈裡面。但不是的，當你抬起頭來看，就會發現，我們每次都是在攀登不同的山，每一次都在攀登下一個新的挑戰。

我們的每一次努力，都是有幫助的。雖然看起來很像只是回到了原點，但這反而是努力與成長過程中的必經之路。

我們是不可能直接往上跳的，一定會經歷這種「看起來」很像退步、「看起來」很像回到原點、「看起來」很像徒勞無功的過程。經歷過這些後，我們才能夠再走一步、再往上一層樓。只要明白了這個道理，在這努力的過程中，就會更有方向。

——

好，觀念說完了，總還要有一些具體操作方法。其實，如果想要提高成功率，是有一些方法可以參考的。但再次強調，是提高成功率，而不是必勝。別忘了前面提到的螺旋式成長。

1. 先接受自己有可能會失敗：很多時候，過度的自信，會讓自己無法先確認有哪些地方需要調整。先明白並接納自己失敗的過程，反而更容易成功，也會更願意尋求外援。

2. **找到切換狀態的提示**：先確認自己最容易失敗的場景是什麼，再把這些場景設定成提示。例如自己最常神經斷線的場景是什麼？是上班前小孩拖拖拉拉？是吃飯時小孩把餐桌弄得一團糟？那我們就先把這些場景，作為啟動下一步的提示。

3. **設定好當提示一出現時，馬上要執行的動作**：例如要是在客廳神經斷線，那就走去廚房。雖然去廚房的目的，是要讓自己冷靜，但我們設定的行動不能只是「讓自己冷靜」這麼抽象的描述。必須是簡單、明確、畫面感十足的行動，效果才會好。你可以想想，通常會需要如此設定的，都是在自己心智狀態不佳的時刻。要認清事實，在那時的自己，是無法執行太過複雜的計畫的。**如果行動不夠簡單易執行，大腦就會自動選擇更容易執行的方式**，也就是順應原先最習慣、但我們不想選擇的方案。

心理學家馬斯洛（Abraham Maslow）對於人類進步的真相，有著十分貼切的見解：「我們的成長是一步步慢慢來的，而且往往是前進兩步，又接著後退一步的過程。」這個退一步，並不是退步。而是要幫助我們再次回到更基礎的需求，從裡面取得力量、從困境中學習，讓自己的人生達成更多整合。

當我們面對小孩又開始發怒時，就是那退一步的過程。千萬不要覺得自己又破功、失敗了。這個發怒，是個指示燈，告訴我們，或許該檢視一下自己的生活狀態。那些基礎需求有沒有被滿足呢？睡眠時間夠嗎？有適時讓大腦休息一下嗎？口渴或是餓了嗎？目前的人際關係有困難嗎？有全心參與在生活中嗎？個人認同感又如何呢？

要是自己處理不來時，可以怎麼做？

你還有更外面的「環境」：身心科的資源

我曾分享過產後憂鬱的處理方式，這篇文章回響很大，不但在各大社團留言踴躍，也收到很多父母的回應訊息。當中有不少人告訴我說：「身邊的人都覺得我沒事，覺得只是我想太多了。但我知道不是這樣，我真的生病了。」

親愛的，你的感覺沒有錯。我想告訴你，若是情緒生病了，這件事自己會最清楚。

而情緒生病的時候，確實，有的時候可能就只像感冒一樣，只要多休息、多喝水，過一段時間就會康復了。但是，有時候也會像重感冒，進而惡化成肺炎，變成更嚴重的問題。這時就需要看醫生、吃藥，甚至住院治療。

精神科？聽起來好可怕！

「我是想就醫處理，可是我不想走進精神科、身心科。去精神科看診，聽起來好可怕！」

親愛的，別擔心，身心科門診也跟家醫科一樣乾淨溫馨。另外，現在也有其他的新選擇。如果是媽媽的話，在各大醫院都有婦女整合門診／女性整合門診，大多安排在跟婦產科一樣，以女性為主的門診空間。如果有需要，可以找自己信任或習慣去的醫院就診。

如果找婦女整合門診還是覺得很彆扭，那麼，請你務必回到你原本的婦產科門診，好好跟醫師說明你的狀況，請醫師進一步協助你，來做藥物調整，或其他的協助轉介。

我們都要先照顧好自己，才能照顧好孩子與家庭。所以請別退縮，只要你願意，就能看到很多可以幫忙的資源。

結語

好了，說到這裡，這本書也告一個段落了。在最後，我想謝謝你，願意一路跟著我們一起學習怎麼照顧自己。我也想要鼓勵你，不要輕易放棄。生活不是只能這樣子的，還是有很多可以改變的機會。

或許你會覺得，改變好難。是的，改變並不容易，也需要時間。但即使起初的改變很微小，也都是最棒的第一步。請你一定要隨時提醒自己，檢視自己的基本需求是不是有所缺乏，再用 PEO 的架構找出隱藏的解決方案，並且帶著成長思維，看著自己的任何一處進步。

不管是多小的改變，它都是一個契機。任何一點一滴的成功，最終都會慢慢累積起來，幫助你繼續跨出下一步。

然後，有一天當你回頭看，你會感激當初願意跨出這第一步的那個自己。

就讓我們一起學習，怎麼好好照顧自己。

附錄

你的生活急救小提醒

有鑑於育兒生活的忙碌，我想你也不一定有空，可以把這本書從頭到尾細細讀完。因此我們將書中的重點整理一下，幫助你可以在極短的時間之內，能更有效率地自我覺察。另外，我們也將書中建議的方法，整理成一個個錦囊，希望能幫助你在需要的時候，可以找到救急的策略。

自我覺察

如果下面兩項量表中，至少一個有檢視出狀況時，就可以繼續往下看，了解可以怎麼調適生活。

心情溫度計

	完全沒有	輕微	中等	嚴重	非常嚴重
1.睡眠困難	0	1	2	3	4
2.感覺到緊張不安	0	1	2	3	4
3.覺得容易苦惱或動怒	0	1	2	3	4
4.感覺憂鬱心情低落	0	1	2	3	4
5.覺得自己比不上別人	0	1	2	3	4
6.有過自殺的想法	0	1	2	3	4

計算前五題總分：

- ≦5分：正常範圍，身心適應良好
- 6-9分：輕度，宜做壓力管理、找人談談，紓解情緒
- 10-14分：中度，宜做心理衛生專業諮詢
- 15分以上：重度，建議尋求專業諮詢或身心科診療

如果第六題是2（中度）以上，即建議尋求專業諮詢或診療

參考資料：
李明濱等(2018)。自殺防治系列12：心情溫度計－簡式健康量表(BSRS-5)。社團法人台灣自殺防治學會暨全國自殺防治中心，5-8。

過勞量表

		總是	常常	有時	不常	幾乎沒有
個人相關	你常覺得疲勞嗎？	4	3	2	1	0
	你常覺得身體上體力透支嗎？	4	3	2	1	0
	你常覺得情緒上心力交瘁嗎？	4	3	2	1	0
	你常覺得快要撐不下去了嗎？	4	3	2	1	0
	你常覺得精疲力竭嗎？	4	3	2	1	0
	你常覺得虛弱、好像快要生病了嗎？	4	3	2	1	0
任務相關	你的育兒生活會讓你情緒上心力交瘁嗎？	4	3	2	1	0
	你的育兒生活會讓你覺得快要累垮了嗎？	4	3	2	1	0
	你的育兒生活會讓你覺得挫折嗎？	4	3	2	1	0
	育兒一整天之後，你覺得精疲力竭嗎？	4	3	2	1	0
	醒來時，只要想到又要過一整天，你就覺得沒力嗎？	4	3	2	1	0
	育兒生活中你會覺得每一刻都很難熬嗎？	4	3	2	1	0
	你有足夠的精力陪家人或朋友嗎？	0	1	2	3	4

個人相關分數：（六項加總 × 25）÷ 6
任務相關分數：（七項加總 × 25）÷ 7

個人相關過勞分數

- 50分以下：輕微過勞。目前的狀態不錯。
- 50-70分：中等過勞。建議你試著透過這本書，找出調適生活的方式。
- 70分以上：嚴重過勞。建議你除了試著透過這本書，找出調適生活的方式外，可再進一步尋找專業人員諮詢。

工作相關過勞分數

- 45分以下：輕微過勞。目前的狀態不錯。
- 45-60分：中等過勞，你有時對育兒生活感覺沒力、沒有興趣、有點挫折。建議你透過這本書，找出調適育兒生活的方式。
- 60分以上：嚴重過勞，你已經快被育兒生活累垮了。建議你可以試著透過這本書，找出改變生活的方式，另外還需要進一步尋找專業人員諮詢。

參考資料：

Kristensen, T. S., Borritz, M., Villadsen, E., & Kristensen, T. B. (2005). The Copenhagen Burnout Inventory: A New Tool for the Assessment of Burnout. *Work & Stress,* 19(3), 192-207.

勞工安全衛生研究所(2009)。過勞自我預防手冊。勞動部勞動級職業安全衛生研究所，4-6。

快速自我檢核表

身心健康：睡眠		
・這幾天睡眠狀況如何？有睡得不好嗎？	□是	□否
・很難入睡嗎？或是躺著卻一直很想滑手機？	□是	□否
・陪小孩睡覺感到煩躁？忍不住想要一手遮小孩的眼睛，另一手握著手機追劇？	□是	□否
・不管怎麼躺，身心就是無法放鬆？	□是	□否
身心健康：飲食		
・光忙小孩的事，就沒時間好好吃飯了嗎？	□是	□否
・現在肚子餓嗎？血糖過低嗎？	□是	□否
・有喝夠多的水嗎？嘴巴是否乾乾的？	□是	□否
身心健康：休息		
・腦袋是否很緊繃，或失去思考的彈性？	□是	□否
・有辦法集中精神嗎？	□是	□否
・一抓到空檔，就想要抓起手機來滑？	□是	□否

人際關係		
・總覺得孤單？找不到同伴？	□是	□否
・跟其他人的互動有狀況嗎？或是將要面臨人際關係的壓力？	□是	□否
・與人相處的過程中，陷入情緒反應了嗎？	□是	□否
・我是不是想對他們說些什麼？或希望他們做出什麼改變？	□是	□否
・社群媒體是不是越用越煩？	□是	□否
全心參與		
・最近是否有壓力事件、重大變化，而覺得沒有掌控感？	□是	□否
・是不是正遇到一些不順心的事？	□是	□否
・面對眼前的困難，覺得自己無能為力嗎？	□是	□否
・休閒時段結束後，總覺得特別空虛？	□是	□否
個人認同		
・最近的生活不知道自己在幹嘛、覺得自己一事無成？	□是	□否
・現況跟自己理想的生活落差很大嗎？	□是	□否
・跟其他人相比，覺得自己根本是失敗的父母？	□是	□否
・有種「我是誰？我到底在幹嘛？」的感覺，也不知道這些問題該跟誰討論？	□是	□否

檢視需求及進行調整

身心健康：睡眠

這幾天睡眠狀況如何？有睡得不好嗎？

白天如果可以的話，讓自己至少能照個十五分鐘的室外光。如果必須全程待在室內的話，請讓自己的工作區域保持在 250 流明（lux）以上（可用手機下載 Light Meter 之類的 APP 來協助測量）。

晚上則要反其道而行，可以調暗一點。至少在睡前半小時，盡量只開黃光的燈，照度也不要太亮，盡量在 10lux 左右，至少也要在 100lux 以下，才不會影響到想入睡的感覺。在睡覺的時候，周圍的照度盡量只剩 1lux。

很難入睡嗎？或是躺著卻一直很想滑手機？

可以的話，睡前盡量減少手機、電腦、電視等各種 3C 螢幕的使用，減少藍光對睡眠的干擾。要是放不下手機，就改聽Podcast，放一些自己喜歡或是能幫助睡前放鬆的節目。用電子閱讀器看看書，也是一種方式。

陪小孩睡覺感到煩躁？忍不住想要一手遮小孩的眼睛，另一手握著手機追劇？

建議可以跟著孩子一起睡覺。提早把睡前一定得完成的事情（如洗澡）處理完，陪睡時就可以放心跟著一起「不小心」睡著了。剩下的事情，就隔天早起再做吧！同樣都是可以獨處做事的時段，早晨會比深夜讓人更有成就感。不管如何，找方法先去好好睡一覺！請假在家好好睡一覺、送臨托好好睡一覺、找後援來幫忙好好睡一覺、跟伴侶協調換手去睡覺……。不管如何，正視睡眠不足，一切都會水逆的事實吧！

不管怎麼躺，身心就是無法放鬆？

睡前做點輕鬆、不用挑戰極限的拉筋運動，可幫助身體放鬆下來。或是進行「四七八呼吸法」：

1. 一開始先用嘴吐氣，輕輕地發出「呼」的聲音，將肺中的氣都吐出。
2. 鼻吸氣，心裡慢慢數四秒。
3. 憋氣，心裡慢慢數七秒。
4. 慢慢吐氣，心裡慢慢數八秒。

重覆二到四的步驟，做四個循環。記得先鼻吸後嘴吐，也不用追求秒數的精確度，大致上維持四、七、八的比例就可以了。

身心健康：飲食

光忙小孩的事，就沒時間好好吃飯了嗎？

善用一些工具，可以讓你更有餘裕。當孩子還在吃副食品時，可以放在月亮澡盆中吃，吃完後就整組抱去浴室洗一洗。等孩子大一點後，可以使用養生膠帶，幫助你更快將環境整理好。最重要的是，不管孩子多大，都要先把自己餵飽後，再來餵小孩。

現在肚子餓嗎？血糖過低嗎？

有穩定的血糖，才會有穩定的情緒。適時補充食物及營養，可以讓自己更容易做出理想的行動。大人自己先好好吃一頓吧！去找你愛吃的東西，不必連吃飯都要凡事遷就孩子，也不要吃得狼吞虎嚥，只為趕著餵孩子。為了自己細嚼慢嚥，好好吃一餐吧！

有喝夠多的水嗎？嘴巴是否乾乾的？

如果身體過度缺水的話，會很容易感到疲累，也會影響認知功能的表現。你可以準備一個夠大的水瓶，給自己更明確的視覺提示，讓自己喝下更多的水。

如果一直喝水很膩的話，可以幫水加一點味道，像是檸檬、各種蔬果、蜂蜜、薄荷等。泡個花草茶，也是個能順便舒壓的好選擇。或者，就點杯手搖飲吧！

身心健康：休息

腦袋是否很緊繃，或失去思考的彈性？

讓大腦休息重開機吧！大腦只要一疲憊，思考就會變得僵化。選個合適的空間、配合好用的工具，像是耳塞或抗噪耳機，放些自己喜歡的音樂，閉上眼睛休息個幾分鐘，情況就會好很多。

如果可以的話，再配合「橫膈膜式呼吸」，用手摸三個地方，來確認自己的呼吸，效果會更好：

1. 胸口向斜上方起伏充氣，同時雙肩向後輕夾。
2. 胸側邊向兩邊起伏充氣，但又不會向前凸起。

3. 背中間向後及兩邊起伏充氣，這個起伏的動作會比較小一點。

時間許可的話，也可以用 YouTube 搜尋「身體掃描」，讓自己更深層地休息。

有需要的話，也可以請人幫忙顧一下小孩，讓自己可以喘息。如果沒有隊友或其他家人可以幫忙的話，偶爾花點錢，請陪玩哥哥姊姊來幫忙也會很有幫助。甚至必要時，偶爾 3C 解禁一下也沒關係。只要掌握好時間、確認播放的內容適合，剩下的就放寬心吧！

有辦法集中精神嗎？

首先，要把容易讓自己分心的事物移除。第一步可以做的，就是將手機中各種非必要的 APP 通知關掉，尤其是手遊類的。

此外，在做事的時候，可以使用抗噪耳機或耳塞來幫助自己集中注意力。

如果還是無法集中精神，或許你就該休息一下了。你可以閉上眼睛慢慢數到六十。一開始數不到那麼久也沒關係，只先數到二十、三十也可以，這樣就能讓自己的注意力重新集中。

建議你也可以稍微起身動一動。如果我們長時間沒有變換姿勢，肌肉會疲勞僵硬，大腦的認知功能、專注力也會變差。這時如果起身動一動，身體與大腦都能得到休息，可以回復精神。也不用運動到太累，少量多次就會有不錯的效果了。

一抓到空檔，就想要抓起手機來滑？

這時候，你真正需要的其實是「休息」，而不是「休閒」。休閒雖然會獲得快樂的感覺，但也會多花費大腦的精力。累的時候，就該透過正確的休息，以停下動作、放鬆心思、正念冥想、小睡片刻等方式，讓大腦可以減少能量消耗，甚至可以讓能量回復。

在想要開始滑手機之前，試著先閉上眼睛休息一分鐘就好。這樣會更容易回復精力，甚至也不需滑手機了。

人際關係

總覺得孤單？找不到同伴？

你可以找附近可及性高、理念相近的共學團、社團參加。因為在相處的過程中，不需要重新溝通教養理念，同時又可以滿足個人認同感的需求。如果無法實體參與的話，加入網路上的社團、社群，也可以取得類似效果。歡迎加入我們的千人社群！

跟其他人的互動有狀況嗎？或是將要面臨人際關係的壓力？

可以透過自我覺察，意識到自身是否被過去的經驗給綁住了。阿德勒說：「過去的經驗，其實是不能綁住現在的我們的。我們都是可以改變的，也可以自由選擇要怎樣去解讀這些過去的經驗。」

首要之務，就是要將過去的經驗，與現在的事件分離。你可以在內心告訴自己：「當時的經驗是當時的事，現在眼前的這個人，是現在的事，這兩個是完全不同的。今天我要怎麼樣去面對這個人，是我自己可以選擇的。」

再來，得要意識到，我們的情緒是分兩階段的。當我們遇到讓自己不喜歡的事物時，首先會出現的是「原生情緒」，這通常是直覺、是保護生命安全的本能反應。然後會再衍生出「次級情緒」，這部分才是造成我們困擾的原因。

第一步，要認同自己想要穩定、想要掌控的原生情緒，其實是很真實，也很正常的。接著第二步才能在人際當中，不被次級情緒綁架，找到健康取回掌控感的方案，像是暫時先到另一個空間。當你找回掌控感，自然情緒就會回歸穩定。

與人相處的過程中，陷入情緒反應了嗎？

在情緒的當下，你可以先做兩、三次深呼吸，將呼吸的速度放慢一點。在這過程中，會讓大腦比較容易回到能好好思考的狀態，這時才有辦法進一步反問自己：

「剛才遇到這件事情後，我第一時間的真實感受是什麼呢？」

可能是被拒絕或被否定的失落感、可能是面對不可掌控的失控感、可能是傷心難過，也可能是恐懼、內疚、嫉妒、尷尬……。在意識到自己的原生情緒之後，就可以對自己說：

「我原本以為自己的情緒是XX，但原來背後真正的情緒是〇〇。原來如此，這樣我理解了。」

將自己的原生、次級情緒都標籤出來，就更能學習接納自己的原生情緒，並且調適消化次級情緒了。

我是不是想對他們說些什麼？或者希望他們做出什麼改變？

我們應該勇敢去改變自己可以掌控的部分，但同時也要接納那些自己無法掌控的部分。而別人的行動選擇，就是我們無法真正掌控的。

在這前提之下，學習抓好人際界線，可以讓我們在與他人互動時，不管在身體上或情緒上，都可以抓到一個彼此都舒服的距離。更進一步地，還可以將彼此的責任清楚劃分，讓我們更清楚知道，自己該承擔的責任到哪裡，而不會無限上綱。

有了良好的人際界線，才能將人際之間的角色扮演好。例如婆媳之間的關係，與其視為母女，不如視為客戶的經營，才更能長久。

社群媒體是不是越用越煩？

不要被其他人的光鮮亮麗生活給影響了。大家都有不好過的時候，只是他們可能都選擇不放出來給人看，只篩選出美好的一面。帶著這樣的認識，再去看其他人的貼文，或許心態會更健康一些。

另外，在使用社群媒體時，如果單純只是滑過去或點讚、點愛心，久了一定會覺得很膩，長期下來並沒有辦法帶來人際關係的滿足感。試著主動一些，在貼文上與人互動，去留個言或開個新話題吧！要是留了言卻沒人回應，你也不用太在意。再去找個跟自己合拍的社群，自然更容易得到較多的互動機會。

當然，相較之下面對面的人際效果會更好。要是無法面對面，只要不是會讓自己壓力大的通話對象，可以的話就跟信任的人視訊一下吧！

全心參與

最近是否有壓力事件、重大變化，而覺得沒有掌控感？

在這種情況下，首先要將眼前的任務簡化，幫助自己取得更多成功經驗，接下來才更有機會讓自己全心投入在生活中，以度過這些壓力事件。因此，可以從「增加助力」與「讓事情更容易達成」這兩個目標去著手。可以透過兩個部分來做調整：

1. 調整環境：讓環境中有更多提示、更多助力，這樣阻力自然就會變少。
2. 調整任務：將任務切分到越簡單越好的小元素，讓自己更容易取得第一步成功。

另外，從自己熟悉、在行的部分開始，試著與育兒生活結合，也是一種可以嘗試的方向。如果你還沒發現有什麼在行的事情可以結合的話，一定不是因為你的興趣不足，只是你的創意還沒發揮、還沒好好挖掘而已。

是不是正遇到一些不順心的事？

可以首先從環境中尋找助力，也可以從身邊的人中找到力量。以鬍鬚張當例子來說，他很喜歡透過音樂來幫助自己進入心流體驗。當他需要認真做事時，通常就會播放某些音樂，來幫助自己進入狀態。同時也可以使用抗噪耳機，幫助自己集中精神。

除了物品上的助力之外，從身邊的人找到力量，也是很好的做法。像是加入符合自身理念的共學團、社群，都是很好的力量來源。因為基本上會參加同樣共學團或社群的人，大家的生活背景一般不會相差太多，這時候其他人的成功經驗，就會給自己帶來很大的鼓舞，成為我們啟動的第一步。

當自己遇到困難時，也可以在當中找到支持的力量、詢問的對象，以及相關的資源。

面對眼前的困難，覺得自己無能為力嗎？

不用一口吃下蛋糕，一次完成一點就好。面對一項提不起勁的任務時，你可以一再反問自己：

「如果要完成這個任務的話，在此之前，還得先做到什麼事呢？」

每當得到一個更簡單、更容易完成的小任務後，就再繼續問自己一次這個問題，然後再度得到一個更小的任務。這麼一來就能把原先任務的難度，一路切到超級簡單，簡單到你自己都會覺得，不去做都不好意思了的程度。這麼一來，就會更容易動身起來，開始去執行了。

對大腦而言，當你把整個任務切到很小的步驟之後，就會變成多個容易完成的小任務，像是一關一關的手遊一樣，可以更快讓大腦得到「完成任務」的成就感。

同時，你也已經把任務的進程，在心中倒著順過了一遍。於是完成這項任務的過程與終點，似乎也就變得沒那麼遙不可及了。

休閒時段結束後，總覺得特別空虛？

這是因為，你需要的是「主動式休閒」，外加與休息搭配。通常，我們會以「有沒有主動參與、執行行動、有無挑戰性」作為主被動的判斷標準。一般來說，像看電視、追劇、滑手機，就相對是被動的休閒參與，過程較鬆散、以被動接收為主。

主動式休閒雖然會比較費神，執行的過程也不容易，但只要掌握了前面身心健康的原則，適時讓自己有足夠的休息，整體能創造出來的滿意度是會高很多的。

當然，並不是建議你要完全改做主動式休閒。被動式休閒還是有能幫助我們紓壓的用途，所以兩種休閒都可以進行，重點在於比重的調配。現在有太多人的情況，是因為不懂得怎麼讓自己正確休息，不想多花心力在休閒上，所以才都分配時間給被動式休閒。

只要搭配正確的休息，安排一些主動式休閒就不會給自己太大的壓力。正是因為覺得生活無法自主掌控，才更應該找一些夠簡單、但可以自己主動掌控的休閒來做。不用選太難的，從你熟悉的選項開始，可能是跟著音樂唱首歌、閱讀些書、寫些文字、打個毛線、站起身來伸展一下、出去逛街、計畫旅行等。

甚至可以試著將原先的被動休閒主動化。例如滑手機與社群媒體，比起被動接受資訊，可以試著去留言、互動。看電視與追劇，如果能加上一些自己的思考、整理，甚至是試著與其他人討論、分享內容的話，就會化成主動了。

個人認同

最近的生活不知道自己在幹嘛、覺得自己一事無成？

個人認同感跟我們的生活動機，有很大的關係。當我們的個人認同感不好的時候，就會缺乏意義感，也無法自我肯定。做什麼事都覺得沒用，覺得自己的人生就是在瞎忙，那當然沒有動力繼續前進了。

個人認同感可從三個部分來取得：

1. 自己內心的價值信念，以及對生活的參與。
2. 跟其他人事物建立的角色關係，以及得到的回饋。這部分可以從人際關係中獲得，建議你可以再複習一下人際關係的部分。
3. 參與在群體之中，得到歸屬感與意義感。

現況跟自己理想的生活落差很大嗎？

生活的實際情況就跟原先想像的不同，但也不一定會因此感到痛苦。如果會感到痛苦，通常是因為覺得自己正經歷的過程沒有任何意義。

這時可以學習「意義療法」，從兩點去實踐調適：

1. 接納無法改變的苦難：若苦難無可避免，就先學習接納。在這過程中，也有可能找到生活的意義。

2. 發現意義：再進一步地，將注意力轉向自己可以控制的事物，從我們能掌控的部分找尋參與的意義。能驅動我們的動力，就是在生活中發覺意義所在，這也是我們唯一能掌控的部分。

而要如何更多參與在生活中，具體方法可以再複習一下全心參與的部分。

真實的育兒生活，本來就是如此重複、樸實無華且枯燥的。因此只能倒過來，先實際去參與日常生活的各種瑣事（Doing），從中找到自己存在的意義（Being），進一步成為自己想要的樣子（Becoming）。最終，在裡面找到歸屬感（Belonging），並培養出熱愛。

跟其他人相比，覺得自己根本是失敗的父母？

在網路上，誰不想把自己最好的一面表現出來？不管是網紅，或是你的朋友，大家都會有意無意地，將自己美好的一面展現出來。如果你拿網路上已經被篩選過的成果來跟自己比較，除非你有銅牆鐵壁般的心理素質，否則一定會對自己感到失望。

畢竟，你是拿著自己最不理想的時刻，跟別人的高光時刻相比。但是這種對決，難道不會對自己太不公平嗎？

你看到的其他人，並不是他們完整的樣貌。更何況，你也沒有必要成為完美的父母。

很多人都會尊稱我們夫妻是專家，但其實也有很多時候，我們在自己的生活中也只是個磚家。放過自己吧！其實你已經做得很好了！你缺乏的，只是足夠的個人認同感。

有種「我是誰？我到底在幹嘛？」的感覺，也不知道這些問題該跟誰討論？

個人認同感既然是要回答「我是誰」的議題，那麼就代表當中有很大的成分，是根基於我們與自己、與他人、與外物之間的關係。這在女性身上又更明顯。很多女性在成長歷程中，會忽視「我到底是誰？我到底想要什麼？」的議題，等進入一段親密關係之後，經歷了互動、相處、磨合，才漸漸意識到自己的認同是什麼。不知道你是不是也有這樣的經歷？如果是的話，那就表示，現在正是你發展個人認同感的重要關鍵時刻。

形成個人認同感的過程，其實就是一種更認識自己的過程。這能讓我們擁有更清楚的價值判斷能力，幫助我們在人生形形色色的選擇中，能不糾結地做出決定。

我們一樣可以透過 PEO 的調整，重新建立對於自己的個人認同感。

首先，在環境方面，你可以檢視一下自己所處的環境、人際關係等是否需要調整，以增加更多助力。例如跟隊友好好溝通教養理念、多跟對自己的個人認同感有幫助的人互動、找到自己的信仰團體等，這樣可以讓你更加穩定和有掌控感。你可以參考「加強人際關係」的章節。

其次，在任務方面，你可以透過主動參與自己的興趣，並設定一個合理的目標，幫助自己更投入生活之中。你可以參考前面「能夠全心參與生活，感受更多心流」章節所提到的，如何將任務目標拆解到小到不能再小的程度。

最後，在個人方面，你可以回到自己的內在去檢視，思考自己的價值觀和個人信念，最終整理出自己的人生主題，並從中找到意義。前面「身心健康：休息」章節所分享的正念休息、身體掃描等方法，同樣也可以幫助你更容易思考這些問題。

總之，當你有種迷失感時，不要感到困惑和沮喪。要知道，這反而是一個重要的成長機會，你可以透過PEO的調整，重新建立對自己的定位與認識，從而走出迷茫。你可以再看一次「帶著成長思維，持續自我覺察」那一章節。

甚至當你走出這些問題後，你也可以與人分享自身的經驗，成為別人的助力。在這過程中，你的個人認同感，也會更健康地跟著成長起來。

成長之路並不容易，謝謝你自己的努力。我們一起，陪你長大。

請寫下自己的問題，並利用PEO的方式來思考看看吧！

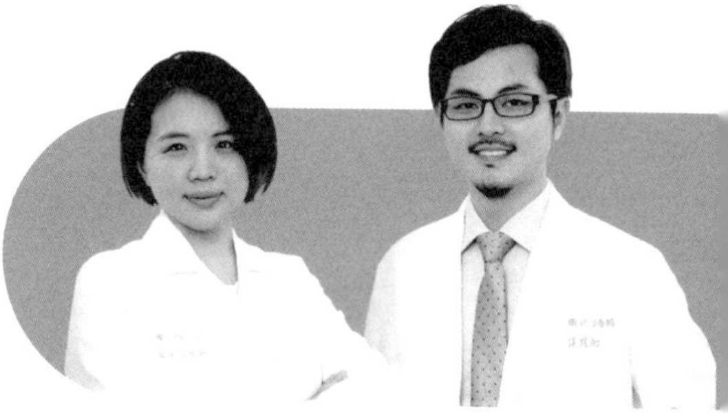

陪你長大團隊
醫學領域的親子關係專家

我們是一對職能治療師爸媽以及多位專業治療師的團隊,
我們關注情緒教育、家庭、夫妻關係,將專業與生活教養經驗融合,
並希望能透過溫暖而有趣的方式傳遞給你,
── 陪你與孩子一起長大。

團隊相關平台介紹

OT莉莉陪你長大系列學院
提供職能治療知識|情緒教育|家庭關係|夫妻關係
等相關線上課程

「職能治療師媽媽OT莉莉練肖話」PODCAST
媽媽們療癒紓壓練肖話小天地|育兒專業頻道

千人粉絲媽媽交流Line社群
取暖紓壓|親子疑難雜症求解|團購親子實用好物

親子育兒部落格
三百多篇育兒知識|育兒多元面向&獨特觀點

OT莉莉當媽媽FB粉絲專頁
OT莉莉育兒趣事分享|官方第一手資訊公告平台

陪你長大團隊官方Line
團隊各平台資訊彙總|育兒便利服務|廠商合作邀約

加入陪你長大團隊官方Line
獲取更多育兒相關知識與各相關平台連結

國家圖書館出版品預行編目(CIP)資料

好好生活：職能治療師爸媽，從生活中淬鍊的教養心流 / OT 莉莉 (陳妍伶), 鬍鬚張老師 (張恩加) 著 . -- 初版 . -- 臺北市 : 遠流出版事業股份有限公司 , 2023.06
面；　公分

ISBN 978-626-361-093-4(平裝)
1.CST: 親職教育 2.CST: 職能治療
3.CST: 自我實現 4.CST: 育兒

528.2　　112005010

好好生活：職能治療師爸媽，從生活中淬鍊的教養心流

作　　者——OT 莉莉（陳妍伶）、鬍鬚張老師（張恩加）
主　　編——周明怡
封面設計——張天薪
內頁排版——平衡點設計

發 行 人——王榮文
出版發行——遠流出版事業股份有限公司
104005 台北市中山北路一段 11 號 13 樓
郵政劃撥／ 0189456-1
電話／ 02-2571-0297 · 傳真／ 02-2571-0197
著作權顧問——蕭雄淋律師

2023 年 6 月 1 日　初版一刷
2023 年 10 月 1 日　初版二刷
售價新台幣 390 元（缺頁或破損的書，請寄回更換）

ylib 遠流博識網　http://www.ylib.com　e-mail:ylib@ylib.com